Itinerário da fé

Dados Internacionais de catalogação na Publicação (CIP)
(Câmara Brasileira do Livro, SP, Brasil)

Rixen, Eugênio
   Itinerário da fé : a experiência da Samaritana e a formação do discípulo missionário / Eugênio Rixen, Leandro Pagnussat, Maria Augusta Borges. – Petrópolis, RJ : Vozes, 2018.

   Bibliografia.

   1ª reimpressão, 2018.

   ISBN 978-85-326-5714-5

   1. Bíblia N.T. Evangelho de João 2. Catequese 3. Fé 4. Mulher samaritana I. Pagnussat, Leandro. II. Borges, Maria Augusta. III. Título.

18-12526   CDD-226.5

Índices para catálogo sistemático:

1. Mulher samaritana : Evangelho de João : Bíblia
226.5

D. Eugênio Rixen
Pe. Leandro Pagnussat
Maria Augusta Borges

Itinerário da fé

A experiência da samaritana
e a formação do discípulo missionário

EDITORA
VOZES

Petrópolis

© 2018, Editora Vozes Ltda.
Rua Frei Luís, 100
25689-900 Petrópolis, RJ
www.vozes.com.br
Brasil

Todos os direitos reservados. Nenhuma parte desta obra poderá ser reproduzida ou transmitida por qualquer forma e/ou quaisquer meios (eletrônico ou mecânico, incluindo fotocópia e gravação) ou arquivada em qualquer sistema ou banco de dados sem permissão escrita da editora.

CONSELHO EDITORIAL

Diretor

Gilberto Gonçalves Garcia

Editores

Aline dos Santos Carneiro
Edrian Josué Pasini
Marilac Loraine Oleniki
Welder Lancieri Marchini

Conselheiros

Francisco Morás
Ludovico Garmus
Teobaldo Heidemann
Volney J. Berkenbrock

Secretário executivo

João Batista Kreuch

Projeto gráfico e diagramação: Ana Maria Oleniki
Revisão: Francine Porfirio
Capa: Ana Maria Oleniki e Editora Vozes
Ilustração de capa: Alexandre Maranhão

ISBN 978-85-326-5714-5

Editado conforme o novo acordo ortográfico.

Este livro foi composto e impresso pela Editora Vozes Ltda.

Sumário

APRESENTAÇÃO, 7

INTRODUÇÃO, 9

CAPÍTULO I

UM CAMINHO A SER PERCORRIDO

1 SITUANDO O EVANGELHO DE JOÃO, 17

CAPÍTULO II

A EXPERIÊNCIA DA SAMARITANA COMO MODELO DE FORMAÇÃO PARA O DISCÍPULO MISSIONÁRIO

1 NO LUGAR ONDE JESUS SE ENCONTRA, A MULHER SE APROXIMA, 22

1.1 O Peregrino chegou à Samaria, 22

1.2 Cansado, Jesus sentou-se junto ao poço, 24

1.3 O lugar do anúncio, 26

1.4 Roteiro para vivenciar a Palavra em forma de Itinerário, 28

2 O DIÁLOGO DE JESUS COM A SAMARITANA, 31

2.1 A iniciativa vem de Jesus, que inicia o diálogo, 31

2.2 Anúncio querigmático: no diálogo, o despertar da fé, 34

2.3 Roteiro para vivenciar a Palavra em forma de Itinerário, 41

3 DA ACOLHIDA PARA O DIÁLOGO: O APROFUNDAMENTO E AMADURECIMENTO DA FÉ, 44

3.1 A fé como dom gratuito: conhecer o dom de Deus, 44

3.2 A resposta da mulher: Senhor, quero nascer novamente, 47

3.3 Naquela que quer nascer novamente surge uma virtude: retomar a vida e avançar no caminho, 48

3.4 Um convite para crer: o olhar se expande, 50

3.5 Nasce uma nova atitude: viver com amor, 52

3.6 Roteiro para vivenciar a Palavra em forma de Itinerário, 54

4 CELEBRAR A FÉ, 56

4.1 Roteiro para vivenciar a Palavra em forma de Itinerário, 59

5 AQUELA QUE FOI CONVIDADA POR JESUS AGORA É TESTEMUNHA PARA SUA COMUNIDADE, 62

5.1 Roteiro para vivenciar a Palavra em forma de Itinerário, 67

REFERÊNCIAS, 70

Apresentação

O primeiro capítulo do documento 107 da CNBB, "Iniciação à Vida Cristã: itinerário para formar discípulos missionários", escolheu o encontro de Jesus com a samaritana (Jo 4,5-42) como ícone, modelo e protótipo do que pode ser um caminho verdadeiro para iniciar alguém na fé cristã. Outros textos evangélicos poderiam ser escolhidos, como a experiência dos discípulos de Emaús (Lc 24,13-35), a cura do cego de nascença (Jo 9,1-34) ou ainda os demais encontros de Jesus relatados pelos evangelistas. Este livro pretende, de maneira didática e participativa, ajudar quem quer iniciar ou aprofundar o seguimento a Jesus, sobretudo os catequistas.

O Evangelho de João é estruturado em volta dos sete sinais: casamento em Caná (2,1-12); cura do filho de um funcionário do rei (4,46-54); cura de um paralítico (5,1-11); partilha do pão (6,1-15); tempestade acalmada (6,16-21); cura do cego de nascença (9,1-34); e a ressurreição de Lázaro (11,1-44). Um sinal sempre aponta para uma realidade mais profunda, que vai além da exterioridade dos atos. O encontro de Jesus com a samaritana se situa entre o primeiro sinal, a água transformada em vinho, e o segundo, a cura do filho de um funcionário do rei.

Este subsídio segue passo a passo o desenrolar do diálogo entre Jesus e a samaritana marcada pela rejeição e humilhação. Após cada abordagem, os leitores são convidados a aprofundar individualmente ou em grupo o que foi estudado, utilizando o método da Leitura Orante: ler (o que o texto diz), meditar (o que o texto me diz), orar (o que o texto me leva a dizer a Deus) e contemplar (no que o texto me ajuda a viver melhor). A finalidade do estudo de um texto bíblico é, em primeiro lugar, encontrar-se com Deus. O estudo e a meditação devem levar a isso.

O capítulo dois é dividido em cinco partes. A primeira (vv. 4-6) aprofunda a importância do poço como lugar do encontro e lembra o salmo 63(62): "Minha alma tem sede de ti, minha carne te deseja com ardor, como terra seca, esgotada e sem água".

A segunda parte (vv. 10-24) lembra que a fé é um dom de Deus. Há uma grande diferença entre a Primeira Aliança (o poço de Jacó) e a Aliança trazida por Jesus (água viva). As águas paradas podem ser perigosas, enquanto a água que Jesus dá "corre para a vida eterna". Esta é a água que devemos pedir: "Senhor dá-me desta água!". Para achá-la, precisamos ser verdadeiros, agir sem falsidade, sem hipocrisia (reconhecer nossos cinco maridos), e procurar a Deus que não está necessariamente nos nossos templos ou santuários, mas é encontrado quando o buscamos "em espírito e verdade".

A quarta parte (vv. 25-29) mostra que Jesus não é mais um profeta no meio de tantos outros, mas o profeta-messias, o caminho, a verdade e a vida. A última parte (vv. 39-42), por sua vez, revela que o encontro com Jesus leva para a missão. Não podemos guardar para nós as maravilhas que descobrimos. Os samaritanos fizeram um ato de fé pessoal e comunitário, reconhecendo que Jesus é o Salvador: "Agora nós mesmos ouvimos e sabemos que esse é verdadeiramente o salvador do mundo" (4,42).

O texto do encontro de Jesus com a samaritana exibe como alguém vai descobrindo-o progressivamente: um judeu (v. 9), um profeta (v. 19), o Messias (v. 26) e finalmente o Salvador (v. 42).

Agradeço à equipe diocesana de catequese da diocese de Goiás, e especialmente ao padre Leandro Francisco Pagnussat e à Maria Augusta Borges que elaboraram comigo este subsídio. Desejamos que este material possa despertar muitos discípulos missionários no seguimento a Jesus.

D. Eugênio Rixen
Bispo de Goiás

Introdução

Nossa ação pastoral, iluminada pela narrativa bíblica da mulher samaritana, quer ser uma inspiração para a ação evangelizadora em nossos dias, sobretudo no que diz respeito ao processo de iniciar e educar na fé. A *Iniciação à Vida Cristã* é uma urgência necessária do nosso tempo para colocar alguém em contato com Jesus Cristo.

Optar por uma catequese de inspiração catecumenal é optar por caminhos novos porque, além de ser bíblico-vivencial, temos aí também uma catequese litúrgica. Essas duas dimensões interligadas apontam para a construção de uma catequese querigmática e mistagógica, por isso, gradativa. É querigmática, porque o primeiro anúncio é fundamental e sempre precisará ser retomado. É mistagógica, porque todo o processo educativo da fé conduz ao Mistério de Cristo e da Igreja, que sempre deve ser aprofundado ao longo da vida cristã.

Os bispos da Igreja do Brasil fizeram uma boa opção ao dedicar o tema central da 55ª Assembleia Geral da CNBB à Iniciação à Vida Cristã. Tal iniciativa confirma e encoraja as comunidades que já vêm realizando esse caminho e, ao mesmo tempo, oferece luzes e propostas para que

> *Um dos grandes desafios da ação evangelizadora hoje consiste em fazer das nossas comunidades verdadeiras lugares de iniciação à formação do discípulo missionário.*

essa maneira de educar na fé seja acolhida como inspiração para todo processo de evangelização. Aliás, um dos grandes desafios da ação evangelizadora hoje consiste em fazer das nossas comunidades verdadeiros lugares de iniciação à formação do discípulo missionário.

O documento 107 – Iniciação à Vida Cristã: itinerário para formar discípulos missionários –, aprovado pelos bispos em 2017, revela a contínua preocupação da Igreja no que se refere à transmissão da fé para iniciar uma pessoa na vida cristã. Trata-se de um processo que não é novo, vem dos primeiros tempos da Igreja, embora esquecido em alguns momentos da sua história. É o Concílio Vaticano II que apresenta à Igreja a retomada do catecumenato como proposta para a Iniciação à Vida Cristã, a partir de dois documentos: um sobre a missão, o outro sobre a reforma litúrgica.

Na perspectiva da missão, o decreto *Ad Gentes* (AG) solicita à Igreja restaurar o catecumenato para responder aos apelos, às alegrias e às esperanças, às tristezas e às angústias dos homens de hoje, sobretudo dos marginalizados, daqueles que se encontram nas periferias existenciais. O catecumenato, ao ser restaurado a partir de uma via missionária, afirma sua origem e finalidade. Era um processo missionário por natureza já nas primeiras comunidades cristãs. Hoje, a insistência em recuperá-lo visa a fazer das nossas comunidades espaços privilegiados para a formação do discípulo missionário. "Aqueles que receberam de Deus por meio da Igreja a fé em Cristo, sejam admitidos ao catecumenato" (AG, 14).

A fé é dom de Deus herdado através da comunidade cristã. Ao afirmar isso, o mesmo decreto continua insistindo numa definição: "O catecumenato não é mera exposição de dogmas e preceitos, mas uma formação de toda a vida cristã e uma aprendizagem efetuada de modo conveniente, com o fim de unir os discípulos com Cristo, seu mestre" (AG, 14). Ao não se restringir a uma simples exposição de dogmas e normas, o catecumenato está alicerçado na lógica da formação permanente do cristão. Trata-se de uma experiência intensa que se prolonga para toda a vida, levando em consideração os vários aspectos da vivência cristã para quem quer seguir Jesus.

> *Mais do que conteúdos a serem transmitidos, a catequese de inspiração catecumenal tem seu ponto de partida na vida e na fé, que devem ser celebradas de maneira sucessiva e, por isso, gradativa.*

No decreto *Ad Gentes* temos a definição desse processo. A constituição sobre a liturgia, *Sacrosanctum Concilium* (SC), nos mostra como essa "aprendizagem" deve ser efetuada e desenvolvida ao longo do catecumenato: "Restaure-se o catecumenato dos adultos (...), de modo que o tempo do catecumenato, dedicado à conveniente instrução, possa ser santificado por meio de ritos sagrados que se hão de celebrar em ocasiões sucessivas" (SC, 64). Mais do que conteúdos a serem transmitidos, a catequese de inspiração catecumenal tem seu ponto de partida na vida e na fé, que devem ser celebradas de maneira sucessiva e, por isso, gradativa. Assim, conduz o catecúmeno ao encontro pessoal com Jesus Cristo, iniciado nos primeiros sinais da conversão, e prossegue sempre alimentando o real amadurecimento da sua fé e a firmeza de sua identidade cristã.

Nesse itinerário proposto pelo Concílio Vaticano II, nasce o Ritual de Iniciação Cristã de Adultos (RICA) em 1973. Não é um livro de catequese, mas litúrgico, e contém diversas celebrações e ritos com suas orientações para ajudar no processo gradativo de iniciação em Cristo e na sua Igreja. Embora não tenha que ser seguido ao pé da letra, já que situações comunitárias e pessoais podem exigir adaptações criativas, o RICA será uma inspiração importante para todo o processo de Iniciação à Vida Cristã.

A Igreja no Brasil acolhe essa proposta a partir do documento Catequese Renovada (1983) e da elaboração do Diretório Nacional de Catequese (DNC, 2005), nos quais se realiza a opção por uma catequese que leve à experiência cristã da fé, em vez de se fazer simplesmente uma transmissão de conteúdos doutrinais. Esses documentos são orientações fundamentais para a catequese no Brasil.

> *A Igreja no Brasil realiza a opção por uma catequese que leve à experiência cristã da fé, em vez de se fazer simplesmente uma transmissão de conteúdos doutrinais.*

No Documento de Aparecida (DAp, 2007), o processo de Iniciação à Vida Cristã, assumido pelo episcopado latino-americano e caribenho, ganha um novo impulso. Nele está a preocupação com a formação do discípulo missionário para os dias atuais, em um mundo marcado pela mudança de época. Ao propor a conversão pastoral, pede uma catequese voltada para a dimensão iniciática da fé e da vida, e também aponta a comunidade cristã como lugar da iniciação.

Ao tratar da conversão pastoral, considerando que a práxis evangelizadora acontece neste espaço e ali se dá o processo de Iniciação à Vida Cristã, fazem-se necessários alguns questionamentos acerca das nossas comunidades:

- Como estão nossas comunidades?
- Conhecemos os ambientes nos quais estão os adultos, jovens e crianças que desejam ser iniciados na fé?
- Como realizar itinerários de amadurecimento num tempo marcado por profundas mudanças de época?
- Como transmitir a fé em uma realidade que perdeu de vista a necessidade desta dimensão?
- Procuramos conhecer cada pessoa que se aproxima da Igreja?
- Qual o sentimento de pertença à comunidade cristã religiosa que os adultos têm hoje?
- Que tipo de linguagem teríamos que usar para envolver o coração das pessoas nos tempos de hoje?

Para aprofundar e tornar eficiente a nossa ação pastoral é preciso olhar com atenção o que o Documento de Aparecida denominou "mudanças de época". Entende-se como mudanças de época aquelas que atingem o todo do ser humano, pois nelas "dissolve-se a concepção do ser humano, sua relação com o mundo e com Deus" (DAp, n. 44). Ao dissolver essa concepção cria-se uma tendência individual de ver a si mesmo, os outros e a Deus. Diferentemente das épocas de mudanças, que são marcadas por várias transformações, interligadas ou não, nas mudanças de época os conceitos vão sendo alterados a partir de um novo jeito de vivenciar a noção de individualidade e de liberdade humana.

Um dos elementos mais fortes neste nosso tempo de mudança de época e que, segundo o Documento de Aparecida, possui um "alcance global" são os meios de comunicação. Ao mesmo tempo que conectam, eles individualizam. Aquilo que seria resolvido pelo contato humano agora se soluciona pela praticidade, agilidade e acessibilidade que os meios de comunicação possibilitam. Esse contexto pode cada vez mais gerar uma tendência que resulte em relações humanas fragilizadas. O bem-estar e a felicidade passam a ser motivados pelo lucro do mercado de consumo, e não pela alegria do Evangelho. Nasce com isso a geração dos que tudo possuem, mas se sentem deprimidos porque a vida perdeu o seu sentido mais profundo. Perdem-se de vista as relações concretas e duradouras no seio de uma comunidade cristã, cujo centro é a dimensão de pertença. Com isso criamos uma geração sem ideais construtivos, voltada para o que está na moda, para quem a vida carece de propósito.

Envolver-se com o Jesus da história é algo que começa com a recuperação do anúncio querigmático, o conteúdo básico da fé cristã, como centro para a catequese e a qualquer ação evangelizadora de nosso tempo.

Nesse sentido se procura suprimir o vazio com o consumismo. A pressão do mercado e a força da propaganda empurram o ser humano na direção de uma lógica dominada pelo ter, pelo poder e pelo prazer. Isso se torna tão importante que orienta em grande parte as decisões e atitudes do indivíduo.

Tais atitudes, para muitos, são distantes dos valores apresentados pelo Evangelho, pela convivência familiar e pela comunidade cristã. Toda essa lógica, como afirma o Documento de Aparecida, enfraquece os vínculos comunitários. Além de enfraquecê-los, a dinâmica do mundo atual movida pelo consumo, segundo o Papa Francisco na *Evangelii Gaudium*, conduz a "uma tristeza individualista que brota do coração comodista e mesquinho, da busca desordenada de prazeres superficiais da consciência isolada" (EG, 2).

Diante dessa lógica, a ação evangelizadora necessariamente deve apontar elementos e itinerários consistentes para a transmissão da fé. Para tanto, o documento 107 da CNBB é enfático quando propõe para a comunidade voltar à Pessoa de Jesus e ao processo de iniciação na Igreja dos primeiros séculos (cf. n. 40-42). Envolver-se com o Jesus da história é algo que começa com a recuperação do anúncio querigmático, o conteúdo básico da fé cristã, como centro para a catequese e a qualquer ação evangelizadora de nosso tempo. O anúncio querigmático, nas primeiras comunidades cristãs, consistia em proclamar a vida, paixão, morte e ressurreição de Jesus Cristo. É o que vemos descrito no livro de Atos dos Apóstolos, no discurso de Pedro às multidões no contexto da ressurreição de Jesus.

> Jesus, o Nazareno, foi por Deus aprovado diante de vós com milagres, prodígios e sinais, que Deus operou por meio dele entre vós, como bem o sabeis. Este homem, entregue segundo o desígnio determinado e a presciência de Deus, vós o matastes, crucificando-o pela mão dos ímpios. Mas Deus o ressuscitou. (...) A este Jesus Deus o ressuscitou, e disto nós todos somos testemunhas. Portanto, exaltado pela direita de Deus, ele recebeu do Pai o Espírito Santo prometido e o derramou, e é isto o que vedes e ouvis. (...) Saiba, portanto, com certeza, toda a casa de Israel: Deus o constituiu Senhor e Cristo, este Jesus a quem vós crucificastes. (At 2,22-24.32.36)

Diante desse discurso realizado por Pedro, a multidão pergunta a ele e aos demais apóstolos: "Irmãos, o que devemos fazer?". A resposta depois do anúncio é o convite à conversão: "Arrependei-vos". É um convite que, pelo anúncio, coloca cada ouvinte em contato com a Pessoa de Jesus e o desperta para a fé. O gesto que marca esta mudança de vida no cristão é o batismo. "Cada um de vós seja batizado em nome de Jesus Cristo para a remissão dos pecados". O gesto batismal é o sinal de adesão a Jesus Cristo para receber o seu Espírito. "Então recebereis o dom do Espírito Santo" (At 2,38).

É esse anúncio que pode mudar a vida de uma pessoa e, através dela, uma comunidade. É um anúncio que promove um encontro transformador com Jesus, como aconteceu com a samaritana. Por isso, na catequese de inspiração catecumenal, propõe-se que o querigma seja o ponto de partida. É no encontro com Ele que brotam os primeiros sinais da fé ou, para aqueles que desejam completar sua iniciação, é o momento de renovar o encantamento pela Pessoa de Jesus e seu anúncio. O documento 107 define querigma da seguinte maneira:

> O conteúdo essencial do primeiro anúncio (querigma) trata da vida de Jesus de Nazaré, sua pessoa, mensagem e missão, e do seu momento culminante de morte e ressurreição (páscoa). Por aí passou a formação progressiva de novos discípulos. Nesse processo, contavam sempre com a ação do Espírito Santo presente no testemunho de vida dos que já faziam parte das comunidades cristãs. (CNBB, Documento 107, n. 41)

Tendo o querigma como ponto de partida, a catequese necessariamente precisa de uma continuidade agora no seu aprofundamento, que se dá pelo catecumenato. Na Igreja nascente, "a finalidade do catecumenato era possibilitar, por meio de um *itinerário específico de iniciação*, a preparação prioritariamente de pessoas *adultas*, que tinham manifestado o desejo de assumir a 'fé da Igreja'" (CNBB, Documento 107, n. 42). Entende-se, portanto, ser um processo com seu ritmo e tempo próprios para ajudar a pessoa a mergulhar no caminho de Jesus, e tudo isso acontecia na comunidade cristã com elementos litúrgicos, símbolos e palavras.

> Para isso, ao longo do itinerário catecumenal havia uma série de ensinamentos, um conjunto de práticas litúrgicas (imposição das mãos, exorcismos, entregas simbólicas etc.) e, de modo especial, uma *séria demonstração* de vida cristã através da participação na vida da comunidade. (CNBB, Documento 107, n. 42)

O catecumenato foi a melhor maneira de colocar alguém em contato com Jesus para se tornar seu discípulo. Por isso, hoje, a Igreja retoma essa inspiração para, diante da tendência pagã e do indiferentismo com o Evangelho, estimular a vivência da fé valorizando a inserção nas comunidades e a formação de pessoas comprometidas com o Reino proclamado por Jesus.

A conversão pastoral não acontecerá efetivamente se não houver "comunidades de discípulos missionários ao redor de Jesus Cristo, Mestre e Pastor". É o que proclamaram os bispos em Aparecida (DAp, n. 368). Para que de fato aconteça a tão sonhada conversão pastoral, temos de encontrar caminhos para a conversão pessoal em comunidade. É urgente que em nossas comunidades sejam planejados itinerários de formação de inspiração catecumenal. A tão

A conversão pastoral começa pelo processo que a Iniciação à Vida Cristã oferece, onde se coloca a pessoa em contato com Jesus Cristo.

sonhada conversão pastoral deverá acontecer à medida que houver uma decidida conversão pessoal, provocando um movimento de saída daquilo que já está rígido e ultrapassado para ações missionárias.

O documento 107 enfatiza que a maneira mais eficaz de fazer acontecer a conversão pastoral em nossas comunidades começa pelo processo que a Iniciação à Vida Cristã oferece, onde se coloca a pessoa em contato com Jesus Cristo, e isso "exige uma ação pastoral centrada num primeiro anúncio do essencial da fé, que chamamos de querigma" (n. 59). Ao propor o querigma como ponto de partida para a evangelização hoje, igualmente se propõe que a catequese se torne cada vez mais um caminho mistagógico. É a continuação natural, um caminho que ao mesmo tempo desperte e conduza para a centralidade do Mistério de Deus.

Devemos nos perguntar:

- Quem são os interlocutores de uma catequese que deseja conduzir para o Mistério?
- Na direção de quem a Igreja dirige seus esforços para fazer acontecer uma evangelização e catequese de Iniciação à Vida Cristã?

Desde o princípio de sua missão, é com os adultos que ela mais se preocupa. Confirmemos no documento Catequese Renovada (n. 130):

> É na direção dos adultos que a evangelização e a catequese devem orientar seus melhores agentes. São os adultos os que assumem mais diretamente, na sociedade e na Igreja, as instâncias decisórias e mais favorecem ou dificultam a vida comunitária, a justiça e a fraternidade. Urge que os adultos façam uma opção mais decisiva e coerente pelo Senhor e sua causa, ultrapassando a fé individualista, intimista e desencarnada. Os adultos, num processo de aprofundamento e vivência da fé em comunidade, criarão, sem dúvida, fundamentais condições para a educação da fé das crianças e jovens, na família, na escola, nos meios de comunicação social e na própria comunidade eclesial.

Diante dessa verdade que o documento nos apresenta, a própria Igreja na sua caminhada de amadurecimento chega à seguinte conclusão: é muito séria a missão da Igreja no mundo dos adultos, que aguarda com tanta sede a Iniciação à Vida Cristã. Tendo em vista esse compromisso, propõe o itinerário da samaritana como modelo de evangelização.

Neste livro queremos apresentar os passos da mulher samaritana que encontrou em Jesus a razão da sua existência e da sua fé. Da mesma forma, desejamos que nossos catequistas percorram esse mesmo caminho não unicamente teórico, mas de aprofundamento e vivência de fé. Para isso mergulhemos no itinerário da samaritana apresentado pelo evangelista João, que nos mostra um processo iniciático de amadurecimento da fé na vida.

Queremos, especialmente, aprofundar esse *diálogo* e *caminho* progressivo de fé que Jesus realiza com essa mulher e seu povo como modelo para a catequese de Iniciação à Vida Cristã, segundo a inspiração e orientações da 55ª Assembleia dos Bispos do Brasil. A partir desse diálogo de Jesus com a samaritana, vamos identificar e apresentar elementos pedagógicos e metodológicos comunicados pela espiritualidade bíblica. Isso para contribuir na formação e na ação evangelizadora do *fazer* a catequese de maneira prática, a fim de que se torne um sinal de pertença, algo essencial na formação do discípulo missionário.

Capítulo I

UM CAMINHO A SER PERCORRIDO

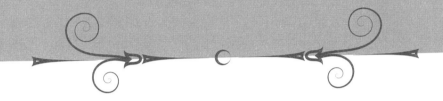

Neste primeiro capítulo abordaremos de forma objetiva a localização e a contextualização do Evangelho de São João, no qual se encontra a descrição da experiência da mulher samaritana que, consequentemente, iluminará a nossa reflexão.

1 SITUANDO O EVANGELHO DE JOÃO

Diferentemente dos Evangelhos sinóticos, o Evangelho de João está organizado da seguinte maneira: Prólogo, que compõe a primeira parte, e o Epílogo que fecha a segunda parte. Entre o Prólogo e o Epílogo encontra-se a catequese proposta pela comunidade joanina.

Na primeira parte temos o livro dos Sinais (Jo 1,19–12,50), onde se acentua que a Palavra é revelada ao mundo, mas não é acolhida pelos seus. Na sequência, o evangelista procura levar o ouvinte e leitor a descobrir quem é Jesus, a sua natureza e a sua missão.

Na segunda parte vemos o livro da Glória (Jo 13,1–20,31) a afirmar que, àqueles que a acolhem, a Palavra mostra sua glória ao voltar ao Pai mediante sua morte, ressurreição e ascensão. Jesus, agora glorificado, comunica seu Espírito que é Vida.

No Prólogo (Jo 1,1-18), encontramos o resumo e a apresentação da Palavra que se encarna entre os seres humanos. É Deus que vem habitar *com* os seres humanos e *como* ser humano, é Deus que se faz gente. No Epílogo (Jo 21,1-25), por sua vez, temos uma segunda conclusão: as aparições de Jesus ressuscitado na Galileia (BROWN, 2012, p. 461).

Em linhas cronológicas, este Evangelho foi escrito entre os anos 80-90 em Éfeso. Segundo a Tradição, seu autor é João, filho de Zebedeu. Há que se levar em consideração, portanto, a dimensão literária que então vê a Tradição a partir do discípulo que Jesus amava. Ou melhor, convém dizer que possivelmente existia uma escola joanina de discípulos.

Nosso objetivo é olhar para a Pessoa de Jesus a partir do Evangelho de João, no desejo de iluminar a ação da catequese atual. Nesse sentido queremos aprofundar, mais particularmente, o relato da samaritana (Jo 4,4-42) como um caminho de "iniciação" pela fé na Pessoa de Jesus Cristo, de modo a levar consequentemente ao anúncio e à construção do Reino de Deus por Ele proclamado.

> *O relato da samaritana confirma que Jesus é revelado durante o diálogo com ela em um "vinde e vede". Contudo não se revela para apresentar a si mesmo, mas o faz para tornar o Pai conhecido.*

Convém perguntar: Quem é Jesus para João? Para o evangelista, Jesus é aquele que se define a si mesmo. Para o quarto Evangelho, a salvação acontece no cotidiano da história à medida que se acolhe a Palavra encarnada. O Evangelho de João "não é o Evangelho do Reino, e sim o Evangelho da própria Pessoa de Jesus" (McKENZIE, 2009, p. 455). Nessa ótica, afirma-se o anúncio do Jesus da história, aquele que viveu como homem entre os homens e passa a ser o Cristo da fé.

"No Evangelho de João, o próprio anúncio de Jesus terreno passa a ser cristocêntrico. Ele se anuncia a si próprio. É no encontro com Ele, aqui e agora, que se decide a salvação e a perdição (...). É salvação escatológica em meio ao tempo presente" (THEISSEN, 2009, p. 115). Sendo assim, o relato da samaritana confirma que Jesus é revelado durante o diálogo com ela em um "vinde e vede". Contudo não se revela para apresentar a si mesmo, mas o faz para tornar o Pai conhecido. "Quem me vê, vê o Pai" (Jo 14,9).

Se o Evangelho de João é o da Pessoa de Jesus Cristo, nele encontramos Jesus de forma direta falando de sua divindade e de sua preexistência.

Vejamos o que diz:

※

"Em verdade, em verdade vos digo: antes que Abraão existisse, EU SOU." (Jo 8,58)

"Sou Filho de Deus! Se não faço as obras de meu Pai, não acreditais em mim; mas, se as faço mesmo que não acrediteis em mim, crede nas obras, a fim de conhecerdes e conhecerdes sempre mais que o Pai está em mim e eu no Pai." (Jo 10,36-38)

"Quem me vê, vê o Pai." (Jo 14,9)

"E agora, glorifica-me, Pai, junto de ti, com a glória que eu tinha junto de ti antes que o mundo existisse." (Jo 17,5)

※

Ele vem enviado a partir do Pai para ser presença divina neste mundo e salvar pela obra de suas mãos todas as pessoas.

Responder quem é a Pessoa de Jesus exige mergulhar no seu próprio ser, permitir que Ele seja identificado. Somente o Pai, que não teve princípio nem terá fim, pela luz eterna do Espírito Santo, poderá apresentá-lo como Ele é também eterno. No mesmo sentido, é extremamente importante para a nossa vida, nossa realização e nossa felicidade viver uma experiência de alteridade com o que nos cerca, pois é através dela que construímos a nossa própria identidade. Tornar-se cristão é um processo de constante identificação pessoal com a mensagem de Jesus e sua Igreja. Algumas questões fundamentais, que surgem durante o amadurecimento da nossa fé, ajudam a conhecer-nos melhor:

> *Tornar-se cristão é um processo de constante identificação pessoal com a mensagem de Jesus e sua Igreja.*

- Quem é Deus?
- Quem é Jesus?
- Quem é o Espírito Santo?
- Quem sou eu?

"Deus é amor!" (1Jo 4-8), essa é a síntese da Escola Joanina. Foi esse Deus Amor, na pessoa do Pai, o Criador, que identificou o Filho. Somente Ele o gerou desde toda a eternidade, e por isso teria a autoridade para nos revelar em toda a sua eterna perfeição a identidade de Jesus, o Filho Amado. E essa identificação é mútua: o Pai identifica o Filho, e é por Ele identificado. Temos assim um duplo movimento. O primeiro é do Pai em relação ao Filho, que o identifica e confirma em sua realidade única: "Tú és meu Filho, hoje eu te gerei" (Sl 2,7). O segundo é do Filho em relação ao Pai, que por sua vez o identifica e o confirma na sua realidade única, dirigindo-se a Ele com uma expressão de íntima confiança: "Abba--Pai" (Rm 8,15).

A presença de Jesus no mundo é revelação da vida contida no Pai, essa é a sua missão. Na missão de revelar a Vida, vamos encontrar no Evangelho de João relatos de Jesus como aquele que apresenta o mandamento novo e o faz por *sinais*.

> O que João chama de sinais, Jesus chama de suas obras, que também são obras de Deus. É importante destacar que as obras de Jesus compreendem seus milagres, mas vão além deles. Estas obras, no entanto, constituem a totalidade de seu ministério público. (BROWN, 2012, p. 846)

Essa revelação é gradual, no sentido de introduzir a fé e o amor como dons para a constituição e formação de uma autêntica vida cristã. É o caminho que Jesus realiza com a samaritana e, agora também, quer realizar com cada um dos leitores deste livro e com todos que têm sede de Deus.

O relato da samaritana (Jo 4,4-42) está entre o primeiro sinal, as bodas de Caná (Jo 2,1-11), e o segundo sinal, a cura do filho de um funcionário real (Jo 4,46-54). No primeiro, nós temos Jesus que transforma a água em vinho e anuncia a Nova Aliança. Já no segundo, temos a cura do filho de um funcionário do rei cujo tema central a fé. O funcionário acredita na Palavra de Jesus e volta para casa confirmado pela fé. São sinais que acontecem na Galileia. Entre o primeiro e o segundo sinal há a ação de Jesus no templo (Jo 2,23-22), a cena de Nicodemos (Jo 3,1-21), a sua viagem para Samaria junto ao poço de Jacó e seu diálogo com a mulher samaritana (Jo 4,4-42).

No diálogo com a samaritana encontramos contribuições para a ação do fazer catequético, essencial na formação do discípulo missionário.

Capítulo II

A EXPERIÊNCIA DA SAMARITANA
COMO MODELO DE FORMAÇÃO PARA O DISCÍPULO MISSIONÁRIO

Neste capítulo apresentaremos um itinerário inspirado no Evangelho de João 4,1-44, que narra o encontro de Jesus com a mulher samaritana. Podemos considerar este texto como um modelo para a iniciação em nossas comunidades. Dessa maneira, estaremos dialogando com as propostas apresentadas no RICA.

Refletindo sobre o percurso que a mulher samaritana realiza, inspirados pela proposta catecumenal, queremos aprofundar o tema a partir de cinco momentos. Ao final de cada um deles, propomos uma meditação e vivência a partir do método da Leitura Orante.

Estaremos também em comunhão com o que o Diretório Nacional da Catequese nos apresenta no capítulo VII, intitulado "Ministério da Catequese e seus protagonistas", acerca dos três aspectos da formação dos catequistas e de seu perfil: ser, saber e saber fazer (DNC, n. 261-276). Pela nossa experiência comunitária de catequese, e por acreditar na proposta de uma catequese mistagógica, acrescentamos mais um elemento: o *saber celebrar*.

1 NO LUGAR ONDE JESUS SE ENCONTRA, A MULHER SE APROXIMA (Jo 4,4-6)

> ⁵ *Ele tinha de passar pela Samaria. Chegou então a uma cidade da Samaria, chamada Sicar, perto da região que Jacó tinha dado a seu filho José.* ⁶*Ali se achava a fonte de Jacó. Fatigado da caminhada, Jesus sentou-se junto à fonte. Era por volta da hora sexta.*

1.1 O PEREGRINO CHEGOU À SAMARIA

O relato inicia oferecendo de forma exata os elementos do ambiente, do local e das pessoas envolvidas nele: o poço de Jacó, Jesus, a mulher samaritana, os discípulos e os samaritanos daquela cidade. Cronologicamente é a hora sexta, ou seja, é meio-dia, e os discípulos foram à cidade comprar alimentos. O texto ainda expressa a ação de Jesus: sentar-se junto ao poço, porque está fatigado. A razão da sua fadiga é a caminhada. Ele está só, certamente pensando em tudo o que tinha acontecido durante as peregrinações. Ele está sentado à beira do poço que Jacó havia construído.

O poço de Jacó ficava, aproximadamente, a mil metros de uma cidade da Samaria com o nome de Sicar ou Siquém. Esse poço existia desde o Antigo Testamento, quando Jacó adquirira o terreno "por cem moedas de prata e nele erguera a sua tenda e lá erigiu um altar, que chamou de 'El, Deus de Israel'" (Gn 33,19-20). Foi nesse espaço que Jacó se encontrou com Raquel.

> Conversava ainda com eles quando chegou Raquel com o rebanho do seu pai, pois era pastora. Logo que Jacó viu Raquel, (...) aproximou-se, retirou a pedra da boca do poço e deu de beber ao rebanho de seu tio. Jacó deu um beijo em Raquel. (Gn 29,9-11)

O poço é um lugar de encontro, porque todos precisam do que ele tem a oferecer. Torna-se ambiente para criar laços e relações. É lugar do encontro amoroso, espaço para realizar a experiência do amor. Também é o lugar para encontrar o amado e a amada, espaço para arranjar casamento, porque as mulheres vão até lá para tirar água. É no poço que o servo de Abraão encontra uma esposa para seu filho Isaac, ficando ali próximo da hora em que as mulheres da cidade vinham para tirar água (cf. Gn 24,11.13). O seu critério para reconhecer a esposa adequada foi a generosidade.

> Hoje cheguei à fonte e disse: *Iahweh*, Deus de meu Senhor Abraão, mostra, eu te peço, se estás disposto a levar a bom termo o caminho que percorri: eis-me aqui junto à fonte; a jovem que sair para tirar água, a quem eu disser: Por favor, dá-me de beber um pouco da água de teu cântaro, e que me responder: Bebe, e tirarei água também para teus camelos, será a mulher que *Iahweh* destinou ao filho do meu Senhor. (Gn 24,42-44)

O poço é espaço do contraste: lugar onde Deus revela sua vontade e lugar da busca do ser humano por algo que sacie sua sede e dê sentido à sua existência. É lugar de manifestação da vida.

Jesus percorre o caminho da Judeia para a Galileia, e o faz passando por Samaria. É peregrino, caminhante. Judeus e samaritanos são povos divergentes entre si. Os judeus se consideram raça pura e o povo em cuja nação nasceria o Messias. Já os samaritanos são, por influência da invasão do rei da Assíria (2Rs 17,5), uma mistura de povos da Babilônia, de Cuta, de Ava, de Emat e de Sefarvaim (2Rs 17,24). Por causa disso, o culto dos samaritanos traz a marca da junção desses povos e mescla em suas crenças vários deuses (*baal*) e seus cultos específicos. Isto porque "cada nação fabricou para si seus próprios deuses e os colocou nos templos dos lugares altos, que os samaritanos haviam feito; assim fez cada povo nas cidades em que habitou" (2Rs 17,29). À medida que serviram aos seus deuses, iam deixando de observar as normas, a Lei e os mandamentos que Javé havia determinado para o cumprimento da Aliança.

Por que Jesus escolhe o caminho da Samaria para chegar à Galileia?

O relato da samaritana está localizado depois do primeiro sinal, as bodas de Caná (Jo 2,1-11). Jesus deseja realizar uma Nova Aliança que será assumida definitivamente mais tarde na cruz, com a entrega gratuita da sua vida, derramando seu sangue pela humanidade inteira. Os seus não o acolheram. Jesus, o enviado do Pai, vem com a missão de salvar a todos, inclusive os samaritanos, um povo cultural e religiosamente diferente dos judeus.

Ao narrar a escolha de passar por Samaria, o evangelista João quer evidenciar que a missão de Jesus é, segundo a vontade do Pai, realizar a salvação para a humanidade inteira. Marcos já havia destacado que essa missão teria consequências graves: "O Filho do Homem deve sofrer muito, ser rejeitado pelos anciãos, pelos chefes dos sacerdotes e pelos escribas, ser morto e, depois de três dias, ressuscitar" (Mc 8,31). Entretanto, por onde passava, Jesus deixava sinais do seu amor, da sua história, que faziam qualquer ser humano se sentir acolhido pela misericórdia do Pai num verdadeiro encontro que transforma a vida.

1.2   CANSADO, JESUS SENTOU-SE JUNTO AO POÇO

A caminhada de Jesus, que segue da Judeia para Samaria, o fez ter a experiência de não ser acolhido, de não ser aceito pelos seus. No poço, Jesus senta-se para descansar. É terra distante e estrangeira. Na cultura e tradição do Antigo Testamento, além de possuir um elemento místico, o poço aponta para um profundo significado: "o poço chega a significar praticamente todas as instituições judaicas, a Lei, o templo, a sinagoga e o seu centro, Jerusalém" (MATEOS; BARRETO, 1999, p. 220). Além de ser o lugar onde o povo busca saciar sua sede e alimentar sua vida de maneira existencial, o poço é também visto como referência daquilo que orienta e rege o cotidiano.

> *No poço, Jesus é a novidade enviada pelo Pai para realizar e fazer cumprir a Nova Aliança.*

Jesus senta-se junto ao poço. Aí temos Jesus e a Lei/poço em uma única realidade. No poço, Jesus é a novidade enviada pelo Pai para realizar e fazer cumprir a Nova Aliança. A *passagem* da Antiga para a Nova Aliança começa a ser construída não somente na vida daquela mulher, mas na vida das pessoas daquela aldeia. É uma cidade inteira convidada, através da mulher, a conhecer aquele Homem.

Jesus é a Nova Aliança e, através dela, se começa a construir a nova *Lei* baseada no amor ao próximo e no serviço (Jo 13,1-15), num novo Templo inspirado no seu corpo (Jo 2,19) e numa nova instituição voltada à pessoa. Jesus afirmou: "O sábado foi feito para o homem, e não o homem para o sábado" (Mc 2,27). Segundo Mateos e Barreto (1999, p. 221), Ele irá assumir agora o seu lugar junto ao poço. Ele será a nova fonte, de onde brota verdadeira água que conduz para a vida eterna. "Se alguém tem sede, venha a mim, e beba aquele que crê em mim!" (Jo 7,37-38).

Todos esses elementos compõem o *lugar* onde Ele se encontra. Jesus assume a sua realidade, sua identidade e sua missão. Em Jesus, identidade e missão se completam. É o enviado do Pai para fazer cumprir sua missão de salvar.

Jesus chega ao poço na sexta hora, ou seja, ao meio-dia. Como já vimos, é a hora em que as mulheres vão ao poço para tirar água. Essa também é a hora em que Jesus foi condenado à morte de cruz. É o momento em que sua caminhada chega ao fim neste mundo. "Era o dia da preparação da Páscoa, perto da sexta hora. Disse Pilatos aos judeus: 'Eis o vosso rei!'. Eles gritavam: Fora! Fora! Crucifica-o!'" (Jo 19,14-15). É do alto da cruz que Ele fará a entrega definitiva do seu Espírito ao Pai para a salvação da humanidade e dará, definitivamente, sua Água/Espírito para saciar a sede de todo ser humano. Seu Espírito/Amor será derramado sobre a humanidade. É o seu amor gratuito, doado até as últimas consequências e por fidelidade ao projeto do Pai, que salva a todos. Ou seja, é do alto da cruz, do seu peito aberto que surgem sangue e água (cf. Jo 19,34).

Ao propor o itinerário da samaritana e do seu encontro pessoal com Jesus, a Igreja quer buscar, nas fontes dos primeiros seguidores e das primeiras comunidades, um modelo e inspiração de evangelização.

O meio-dia pode também aludir à meia-idade, à metade da vida de uma pessoa. A mulher samaritana está procurando algo que dê sentido à sua existência, algo que sacie sua sede. Ela chegou num determinado momento em que sua vida precisa ser preenchida, precisa ganhar um novo sentido que enriqueça a sua compreensão e a faça viver sob a luz do dia. Dentro de si, carrega o desejo de ser *iluminada*. O evangelista João nos oferece o contraste em relação a Nicodemos (Jo 3,2), que busca Jesus durante a noite por não ter a coragem de assumir publicamente o seguimento a Ele.

Assim como aconteceu na experiência da samaritana, os doze, no caminho do seguimento, precisariam aderir a Jesus e seu anúncio através do contato cotidiano e aprender Dele um itinerário para crer na sua Palavra e na sua Pessoa. Ao propor o itinerário da samaritana e do seu encontro pessoal com Jesus, a Igreja quer buscar, nas fontes dos primeiros seguidores e das primeiras comunidades, um modelo e inspiração de evangelização especialmente para a catequese de adultos hoje. Ainda considera urgente, na mesma direção, pensar em itinerários catequéticos para as crianças, adolescentes e jovens em uma perspectiva iniciática na educação da fé.

Inspirados pelo itinerário da samaritana, vale recordar que, na Igreja nascente dos primeiros séculos, aqueles que desejavam o batismo e o recebiam eram chamados de iluminados. Hoje, em nosso atual caminho de iniciar alguém na vida cristã proposto pelo RICA, no terceiro tempo (denominado *Purificação e Iluminação*), o catecúmeno tem a oportunidade de, através dos escrutínios (exames de consciência), colocar a sua vida frente a frente com o Mestre Jesus para iluminá-la.

Nossos processos de catequese precisam despertar o desejo de um encontro pessoal com Jesus para confrontar e iluminar a própria história.

Dessa forma, nossos processos de catequese precisam necessariamente despertar na vida do catecúmeno, bem como na vida do catequista e da comunidade, o desejo de um *encontro pessoal* com Jesus para confrontar e iluminar a própria história, a exemplo da samaritana. E isso será feito de forma gradativa. O importante é que haja um autêntico encontro com Ele, porque é desta experiência que brota a fé e se inicia o processo da conversão pessoal.

Vale insistir que é na fase adulta que irão se solidificando as escolhas mais importantes, inclusive as que se referem à opção por uma identidade cristã. Como afirmou João Edênio Reis Valle, na Segunda Semana Brasileira de Catequese (2002) cujo tema era "Com adultos, catequese adulta":

> É na adultez – e não, em geral, nos anos da juventude que as pessoas adquirem condições psicológicas e capacidade para uma opção cristã realmente fundamental, para uma entrega concreta a Deus e para uma adesão à comunidade de fé, na qual irá buscar e oferecer o respeito, o compromisso e o amor, mesmo à custa de sacrifícios significativos. (CNBB, Estudo 84, p. 91).

Para o adulto que anseia dar respostas e um sentido à sua existência, a comunidade cristã e a busca por Deus através desse espaço tornam-se elementos privilegiados para solidificar e fazer amadurecer a fé e os valores evangélicos vividos em comunidade e sustentados pela escuta da Palavra.

1.3   O LUGAR DO ANÚNCIO

Ao pensarmos no lugar do anúncio, é importante analisar: Em nossa ação evangelizadora, o lugar e os nossos espaços contribuem para despertar a fé, bem como para o seu fortalecimento? Humanamente, como são construídos os espaços para acolhermos nossos irmãos, para formá-los e orientá-los na fé cristã? Como estão sendo preparados os catequistas? Como estão comunicando a mensagem cristã para despertar ou alimentar e fazer amadurecer a fé? Como nos encontram aqueles que estão interessados em iniciar um caminho no seguimento a Jesus e na comunidade cristã? Essas e muitas outras inquietações surgem quando a ação de Jesus nesse encontro/diálogo com a mulher samaritana inspira *o fazer* da catequese hoje.

É importante ressaltar que, ao iniciar uma pessoa no seguimento de Jesus Cristo, ela é consequentemente iniciada na sua participação ativa na comunidade cristã. Iniciar em Jesus Cristo é também iniciar na Igreja. É na comunidade cristã que a fé é herdada, vivida e confessada. Entendemos aqui Igreja como *Ecclesia*, lugar da *Koinonia*, espaço do exercício do amor a Deus, ao próximo e ao serviço gratuito.

Compreende-se, portanto, que "a comunidade cristã é o lugar por excelência do encontro. É nela que se estabelecem as novas relações e o despertar da fé. É nela que se descobre o conceito de pessoa" (VANIER, 2009, p. 35). É fazendo parte dela que se torna possível realizar a experiência de um relacionamento humano e interpessoal, que o adulto amadurece na fé e se alimenta para fazer escolhas fundamentais capazes de construir sua identidade cristã.

Em muitas das nossas comunidades, hoje o que se percebe é a falta do espírito de pertença, influenciada pela mudança de época. Isso compromete a busca de Deus e o amadurecimento da fé cristã. Mas é nas relações comunitárias que se precisa aprender a *ser* e a *ter* um espírito de pertença motivado por uma força que sustenta compromissos, levando a assumir uma vida realmente cristã. É aí que cada um vai definindo seu espaço, sua identidade e vocação dentro da comunidade cristã.

A comunidade cristã traz consigo uma tarefa antropológica. Ela tem a missão de criar relações de forma humana, afetiva, religiosa nas pessoas e através das pessoas. É nesse vínculo de relações que o sujeito se descobre como pessoa, ou seja, que é visto de forma única em sua identidade. Tanto o crescimento quanto o desenvolvimento de uma comunidade estão condicionados à maneira como seus membros evoluem e se tornam acolhedores, interessados em construir relacionamentos fraternos. Nenhum de nós é uma ilha isolada. Comunidade e pessoa se inter-relacionam e dependem entre si para o seu efetivo crescimento. É no encontro fraterno de irmãos e irmãs que, ao redor da Palavra e da Eucaristia, com suas motivações da vida diária, uma comunidade cristã irá despertar e se orientar para uma real e concreta dimensão de *ser*.

Comunidade cristã, catecúmeno e anúncio querigmático são três dos muitos elementos que compõem o início do processo de Iniciação à Vida Cristã. Todo este caminho de iniciação em relação à comunidade tem um papel de suma importância, visto ser ela mesma uma iniciadora: enquanto os novos membros são iniciados em Jesus Cristo, são igualmente iniciados na comunidade cristã. "A iniciação cristã é também um processo eclesial: a *iniciadora* é a *Ecclesia Mater* no exercício privilegiado de sua maternidade. A Igreja é o lugar e o âmbito da iniciação" (OÑATIBIA, 2007, p. 20). Ela mesma, como mãe, com a acolhida de novos membros, vai se *reiniciando* e se *reinventando*.

No itinerário de Iniciação à Vida Cristã, a comunidade se torna sacramento, ou seja, sinal concreto de Deus e do seu amor por nós. Torna-se, assim, ponto de referência para quem deseja amadurecer na fé e seguir Jesus, instrumento não para seu próprio crescimento, mas para o Reino.

A comunidade cristã é a dos batizados e, por isso, dos discípulos missionários cujo centro de suas ações é Cristo (Ef 5,23). É *na* e *pela* comunidade cristã que se tem a oportunidade de achar respostas relacionadas à nossa existência: Quem sou eu? E ainda, onde estou? Qual é o meu lugar neste mundo? São essas e outras questões que o adulto quer responder ao se aproximar da comunidade cristã, no desejo de realizar um caminho de fé.

1.4 ROTEIRO PARA VIVENCIAR A PALAVRA EM FORMA DE ITINERÁRIO

(Construir um poço no centro da sala. Pode ser feito com tijolos ou com cartolina para imitá-los. Sugere-se colocar esse poço na ambientação de todos os demais roteiros propostos.)

Depois de localizar os primeiros elementos desse encontro de Jesus com a mulher da Samaria no poço, em nossa busca de aprofundar a fé no caminho de Iniciação à Vida Cristã, também nós aqui e agora necessitamos fazer uma parada.

Ler Jo 4,1-6.

1. O que o texto diz?

Jesus não apenas passa, mas para em Samaria e descansa no poço de Jacó. Ele tem sede. O Pai revela sua missão: Ele veio para salvar a todos sem exclusão. É Ele quem vai ao encontro do povo que o Pai mandou salvar. Ali, na comunidade dos samaritanos, Jesus inicia aquele povo em seu caminho de salvação através de uma mulher que, embora vista por muitos como impura e idólatra, no diálogo o reconhece como profeta, Messias e Salvador. Mais ainda, ela se torna instrumento de iniciação para seu povo, que vem ao encontro de Jesus.

Jesus é o Peregrino do Pai, enviado ao mundo, que vai nos apontar o caminho da salvação. A samaritana é também uma peregrina à procura de algo que preencha a sua vida por inteiro.

2. O que o texto me diz?

O catequista é aquele que, ao peregrinar, quer encontrar a razão da sua vocação cristã. E ao encontrá-la não a guarda para si, mas a comunica aos seus semelhantes. O Papa Francisco, ao convocar o Ano Santo da Misericórdia, em 2015, assim se expressou: "A vida é uma peregrinação, e o ser humano é *viator*, um peregrino que percorre uma estrada até a meta anelada" (MV, 14).

O catequista, ao seguir as pegadas de Jesus, inserido em um lugar concreto, que é a sua comunidade cristã, deve constantemente buscar a experiência de um profundo encontro pessoal com o Mestre e Senhor de sua vida. Dessa forma, irá crescer à medida que se põe em caminhada, em movimento. Crescerá na direção dos seus irmãos e irmãs.

3. O que o texto me leva a dizer a Deus?

(Desenhar os dois pés em uma folha de papel em branco, recortar, colocar o nome e responder às seguintes questões de forma orante.)

- Para onde meus pés têm me conduzido?
- Que direção estou querendo seguir?
- Que sentido tem para mim peregrinar com Jesus, o Peregrino do Pai, a partir da comunidade a que pertenço?

Oração

Senhor Jesus, passando pela Samaria e sentando-se junto ao poço de Jacó, muito além do merecido descanso exigido pela tua humanidade, tu nos revelas a universalidade da missão que o Pai te confiava: integrar cada pessoa, sem exclusão nenhuma, no bonito projeto do Reino de Deus. Dai a nós, catequistas, um coração amável e misericordioso como o teu para despertar homens e mulheres peregrinos, sedentos do teu amor. Amém.

---

4. Em que este texto me ajuda a viver melhor?

(Ao concluir as questões, colocar os pés diante do poço.)

Para conversar:

- Nossos espaços de encontro e de catequese são verdadeiramente acolhedores?
- Neles as pessoas podem sentar-se sem pressa para serem ouvidas?
- São espaços que despertam a esperança de um novo sentido para a vida?
- Como nós, catequistas, nos preparamos para acolher nossos irmãos no desejo de realizar com eles um caminho de fé?

Orientações para o agir

Nosso processo de Iniciação à Vida Cristã precisa despertar nos catecúmenos, e na equipe que estimula a experiência desse caminho, o desejo do profundo encontro pessoal com Jesus. Somente a partir desse encontro alguém poderá se comprometer com os valores do Evangelho, examinando sua própria vida para passá-la a limpo. É dessa atitude que brota a conversão pessoal, necessária para se ter realmente uma identidade cristã. Nesse caminho, algumas exigências se apresentam:

- Minucioso zelo pela qualidade da catequese e pelas necessidades básicas de cada um, para que o diálogo seja realmente um "encontro" entre nós e Jesus.

- Preparar o espaço de cada encontro com amor e bom gosto, para que os iniciados se sintam humanamente acolhidos e atraídos ao caminho de amadurecimento na fé.

- Cada pessoa que conduz os diversos serviços da catequese precisa buscar no testemunho o verdadeiro sentido de sua missão, que é deixar transparecer a face e o coração do Senhor Jesus. Nenhum mestre será coerente e eficiente se o que ensina não estiver evidenciado em seu testemunho de vida.

- Durante todo o processo de Iniciação à Vida Cristã, dedicar-se à criação de relações fraternas entre as pessoas, incentivando a compreensão e humildade, valorizando muito a participação de todos. É assim que cada um se descobrirá como pessoa amada por Deus, alguém que tem uma identidade de fé, que é criação especial de Deus e pode se sentir em casa na grande família representada pela comunidade cristã.

2   O DIÁLOGO DE JESUS COM A SAMARITANA (Jo 4,7-9)

> *⁷Uma mulher da Samaria chegou para tirar água. Jesus lhe disse: "Dá-me de beber!" ⁸Seus discípulos tinham ido à cidade comprar alimento. ⁹Diz-lhe, então, a samaritana: "Como, sendo judeu, tu me pedes de beber, a mim que sou samaritana?" (Os judeus, com efeito não se dão com os samaritanos.)*

2.1   A INICIATIVA VEM DE JESUS, QUE INICIA O DIÁLOGO

A mulher, chegando ao poço para tirar água, encontra um homem. O que sabemos a seu respeito é que ela é da Samaria, seu nome não é mencionado, traz consigo apenas o seu cântaro. Jesus já se encontra ali sem nada, é um peregrino que está em caminhada. Ele está sozinho, pois seus discípulos foram comprar alimento.

De repente a mulher se aproxima dele. É uma situação embaraçosa porque, além de os judeus terem uma certa rejeição aos samaritanos, que eram vistos como gente contaminada por aceitar deuses de outras culturas, não era muito recomendável a um homem dialogar isoladamente com uma mulher desconhecida.

Essa mulher anônima recorda aqueles que não eram valorizados. Ser mulher, naquela sociedade, já era sinal de dependência e de poucos direitos. A história do Antigo Testamento mostra homens importantes, respeitados, que tinham várias mulheres, mas estas deveriam ter um só marido e serem fiéis a ele. A mulher podia, inclusive, ser apedrejada no caso de adultério (cf. Jo 8,1-11).

A Bíblia muitas vezes fala da Aliança estabelecida entre Deus e o povo com termos que se referem a um casamento, no qual Deus é fiel e o povo deve mostrar sua fidelidade não cultuando outros deuses. Nesse contexto, dizer que a samaritana já teve cinco maridos pode também ser uma alusão ao fato de que, na Samaria, o povo tinha se desviado da Aliança inicial e aceitado outros deuses. Ela era apresentada, portanto, como pecadora e pertencente a um povo impuro. Vai buscar água ao meio-dia. Era uma mulher pobre. Ela mesma busca água no poço, logo, não tem empregados.

O ponto de partida de Jesus está na expressão que revela sua humanidade, seu carinho e sua acolhida às pessoas.

Jesus toma a iniciativa do diálogo: "Dá-me de beber". O ponto de partida de Jesus está na expressão que revela sua humanidade, seu carinho e sua acolhida às pessoas. Ele, como todo ser humano, tem sede. Jesus quebra preconceitos ao conversar com uma mulher samaritana, sua atitude rompe o que divide e distancia. É Dele a iniciativa da conversa, de querer estar próximo da mulher. Deus tem sede de nós, antes de termos sede Dele. Ele tem a iniciativa do amor.

A samaritana, movida pela realidade histórico-cultural e pelos costumes que considerariam imprópria aquela conversa, reage com surpresa ao pedido de Jesus. "Como, sendo judeu, tu me pedes de beber, a mim que sou samaritana?" (Jo 4,9). Sua reação aponta para a diferença existente entre os dois e, possivelmente, para sua maneira de perceber que o lugar onde ela e aquele judeu se encontravam era deveras especial: o poço do *pai* Jacó.

A mulher se sente desconfortável, porque Jesus é um judeu e lhe pede de beber. Um judeu nunca se rebaixaria pedindo ajuda a uma mulher considerada impura, a menos que se encontrasse numa situação de extrema necessidade. A mulher já tinha interiorizado a imagem negativa com que os outros a rotulavam. Ela era vista simplesmente como uma pecadora, uma indigna, uma rejeitada. Na maioria das vezes nos tornamos o que os outros fizeram de nós, a menos que encontremos alguém que nos devolva o que somos verdadeiramente. Jesus, pelo fato de quebrar um costume de seu povo,

> *Na maioria das vezes nos tornamos o que os outros fizeram de nós, a menos que encontremos alguém que nos devolva o que somos verdadeiramente. Jesus obriga a samaritana a sair do rótulo imposto pelos outros.*

obriga a samaritana a sair do rótulo imposto pelos outros. Quer lhe devolver sua dignidade, quer despertar dentro dela o dom de amar e sentir-se amada.

A samaritana vê aí um contraste: de um lado, o poço e o cântaro simbolizando a Lei e os patriarcas; do outro, meio-dia e o sol a pino – em plena luz do dia nasce o desejo de um *encontro* que ilumine toda a sua existência. Se na mulher há a surpresa de uma situação estranha, em Jesus há a certeza de um caminho que leva ao Pai. Ele, com a iniciativa do diálogo, aponta e abre a possibilidade de levar a mulher a descobrir por si própria sua dignidade e, ainda mais, sua vocação tanto diante do próprio Jesus quanto dos seus e da sua aldeia.

Aqueles que chegam à comunidade cristã e que estão interessados no processo de iniciação podem trazer também suas contradições, como aconteceu com a mulher samaritana. Nesse caminho, a história de cada pessoa deve ser levada em consideração. O ponto de partida é a vida de quem será iniciado ou reiniciado; ninguém consegue despertar o sentimento de amor por algo ou por uma causa sem ter por onde começar. Na evangelização, o ponto de partida são perguntas que surgem do cotidiano da vida: Quem sou eu? Qual é o sentido da vida? Para que eu existo? Há um Deus que me ama? As orientações Dele farão de mim uma pessoa melhor?

Jesus, ao começar a formação de seu grupo de discípulos no Evangelho de João (1,35-39), fez uma pergunta: "O que estais procurando?". É começando pela escuta atenta das perguntas que já estão no coração de cada um que o processo de evangelização se desenvolverá de maneira transformadora e eficaz.

> *Na evangelização o ponto de partida são perguntas que surgem do cotidiano da vida: Quem sou eu? Qual é o sentido da vida? Para que eu existo? Há um Deus que me ama?*

Nessa dinâmica, ao propor o relato da samaritana como ponto de partida para refletir sobre a iniciação, estamos convictos de que "a Iniciação à Vida Cristã é um 'vinde e vede' que dá certo, que encanta e faz a pessoa querer ser parte dessa família de fé, com tudo o que isso significa como decisão de vida" (PAGNUSSAT; BORGES, 2013, p. 18). É um caminho que se pode oferecer às comunidades para despertar e fortalecer a fé. Como afirma o Catecismo da Igreja Católica (CIC, n. 27), "o desejo de Deus está inscrito no coração do homem já que o homem é criado por Deus e para Deus; e Deus não cessa de atrair o homem para si, e somente em Deus o homem há de encontrar a verdade".

De fato, a samaritana descobrirá, nesse diálogo iniciado por Jesus, que a verdade vem de Deus e somente Dele. Inspirado nesse itinerário, todo o processo de Iniciação à Vida Cristã estará na direção de buscar essa verdade absoluta, que dá sentido à vida e que nasce do coração de Deus, revelado em Jesus Cristo.

É levando em conta essas considerações que a iniciação, com seus métodos, linguagens, símbolos, gestos e palavras, entra como nova inspiração para o desenvolvimento de uma catequese empenhada em colocar alguém em contato pessoal e profundo com Jesus Cristo. O novo tempo que estamos vivendo exige a busca de caminhos diferentes, que respondam melhor aos questionamentos de quem está com sede de um sentido mais pleno para a sua vida. Por isso o Papa Francisco ressalta "Convido todos a serem ousados e criativos nesta tarefa de repensar os

> *O novo tempo que estamos vivendo exige a busca de caminhos diferentes, que respondam melhor aos questionamentos de quem está com sede de um sentido mais pleno para a sua vida.*

objetivos, as estruturas, o estilo e os métodos evangelizadores das respectivas comunidades".

A Igreja, fiel ao Evangelho e à sua história, busca inspiração nas primeiras comunidades cristãs para fortalecer a experiência de fé das pessoas e torná-las verdadeiramente discípulas de Jesus. Já no Concílio Vaticano II, a Igreja propõe uma catequese de inspiração catecumenal para a formação do discípulo missionário, retomando o catecumenato. Essa proposta do Concílio coloca no centro um caminho que nos leva ao essencial, àquilo que chamamos de anúncio querigmático.

2.2 ANÚNCIO QUERIGMÁTICO: NO DIÁLOGO, O DESPERTAR DA FÉ

A centralidade, que é também o ponto de partida do querigma na catequese de Iniciação à Vida Cristã, está em anunciar o sentido da vinda de Jesus entre nós, que culmina em sua paixão, morte e ressurreição. Trata-se de compreender que Jesus é o Filho enviado pela força do Espírito Santo para realizar a vontade do Pai, no desejo de que todos tenham vida e vida em plenitude (Jo 10,10); é o Filho enviado para anunciar o Reino de Deus e nos motivar a levar adiante esse anúncio.

Logo após seu batismo, Jesus inicia sua atividade de peregrino neste mundo. Ao expressar a sua primeira palavra no Evangelho de Marcos, Ele propõe a centralidade do seu anúncio na proclamação do Reino. "Cumpriu-se o tempo e o Reino de Deus está próximo. Arrependei-vos e crede no Evangelho" (Mc 1,15). Essa será a sua missão entre os seus: anunciar e fazer acontecer a Boa Notícia evangélica.

Dessa forma, crer no Evangelho é o ponto de partida da primeira etapa da catequese de Iniciação à Vida Cristã. É preciso crer na Palavra de Deus que se tornou carne e habitou entre nós. Por isso o primeiro elemento desse caminho é anunciar Jesus Cristo, enviado da parte de Deus Pai. Ele é a Palavra encarnada, Ele é a Boa Notícia comunicada ao mundo, conhecê-lo é a maior alegria que vamos viver.

O catequista promoverá um caminho de aproximação, encantamento e relação pessoal do catecúmeno com Deus.

O catequista, nessa perspectiva, não pode se preocupar em querer nesse primeiro momento comunicar uma doutrina. Fará algo mais importante e transformador: com humildade e simplicidade, a partir do próprio testemunho de sua convicção pessoal e através de Jesus Cristo, promoverá um caminho de aproximação, encantamento e relação pessoal do catecúmeno com Deus. Somente assim a fé será despertada e/ou completada na sua iniciação.

O Documento de Aparecida apresenta esse processo de forma magnífica quando afirma que, para seguir o caminho de Jesus Cristo, não se parte de uma ideia abstrata, mas de uma escolha pessoal que é capaz de mudar a direção da vida.

> A todos nos toca recomeçar a partir de Cristo, reconhecendo que não se começa a ser cristão por uma decisão ética ou uma grande ideia, mas pelo encontro com um acontecimento, com uma Pessoa, que dá um novo horizonte à vida e, com isso, uma orientação decisiva. (DAp, n. 12)

O ponto de partida deste processo é levar a desejar o *encontro pessoal* com Jesus Cristo. Trata-se de descobrir Jesus, conhecê-lo e tê-lo como Mestre. Sem esse encontro, todo o processo de iniciação poderá estar comprometido. Os momentos de evangelização, portanto, devem ter a marca da acolhida fraterna e hospitaleira, que comunique a alegria de caminhar com Jesus e o amor que Ele nos ensina a viver. Como apresentaríamos um Deus amoroso se nosso relacionamento com os irmãos fosse frio, sem real envolvimento amistoso?

Por isso o primeiro anúncio, ou anúncio querigmático, consiste em comunicar o Evangelho de Jesus Cristo e o núcleo central da fé nele apresentado: sua paixão, morte e ressurreição. Em seu programa pastoral, o Papa Francisco nos lembra a urgência desse anúncio ao afirmar que nele encontramos a "resposta ao anseio de infinito que existe em todo o coração humano" (EG, 165).

O próprio Jesus, ao pedir que crêssemos no seu Evangelho (cf. Mc 1,15), nas suas palavras e na sua Pessoa, nos diz que o Reino de Deus está próximo. Para participar desse Reino é preciso, em primeiro lugar, o ato de aproximar-se e estar com Ele. É o ato de aproximação que, pelo exercício da fé, nos dará o conhecimento de Deus. A fé é despertada à medida que há encontro e contato com Jesus.

A primeira celebração do RICA (n. 75), no rito de acolhida dos catecúmenos, propõe a seguinte pergunta a ser feita por aquele que preside: "Que pedes à Igreja de Deus?". Aquele que está sendo iniciado responde: "A fé". O que preside em nome da comunidade prossegue: "E esta fé, que te dará?". A resposta conduz para o objetivo central da vida cristã: "A vida eterna", ou "A graça de Cristo", ou ainda "A admissão na Igreja". Nesse sentido, o primeiro diálogo que se estabelece nas celebrações do catecumenato aponta para uma busca centrada na fé.

Na sequência deste rito faz-se o sinal da cruz na fronte e depois nos ouvidos, nos olhos, na boca, no peito e nos ombros dos catecúmenos. É um modo de mostrar que a mensagem que culminou na cruz deve marcar todos os campos da vida de quem agora quer ser seguidor de Jesus. Trata-se de um chamado para acolher o Mistério da Paixão e Ressurreição pela via do seguimento.

É o anúncio querigmático que fundamentará a construção de um caminho sólido na busca de Jesus Cristo e a formação do discípulo missionário. É importante que esse anúncio aconteça em um diálogo aberto, acolhedor e sincero que, no segundo tempo, irá garantir um verdadeiro aprofundamento, ou seja, aquilo que deverá criar raiz na vida de quem está sendo iniciado ou reiniciado. Esse anúncio é o núcleo central da fé.

Dessa primeira evangelização, portanto, "com o auxílio de Deus brotam a fé e a conversão inicial, pela qual a pessoa se sente chamada do pecado ao mistério do amor de Deus" (RICA, n. 10). A fé e os primeiros sinais de conversão deverão surgir a partir desses encontros iniciais, onde é apresentado Jesus como enviado do Pai.

> É o tempo da evangelização em que, com firmeza e confiança, se anuncia o Deus vivo e Jesus Cristo enviado por ele para a salvação de todos, a fim de que os não cristãos, cujo coração é aberto pelo Espírito Santo, creiam e se convertam livremente ao Senhor. (RICA, n. 9)

O ponto de partida para despertar o *encontro pessoal* com Jesus Cristo, através do anúncio querigmático, precisará ser sustentado pelo aprofundamento e pela experiência da fé expressada na comunidade dos crentes. É voltando ao anúncio querigmático que a catequese irá atingir o seu objetivo central: orientar ou reorientar a vida na direção de Jesus Cristo. Temos aqui um processo que visa conduzir a pessoa ao encontro com Jesus Cristo, verdadeiro homem e verdadeiro Deus, em uma comunidade de fé.

Pode-se afirmar, diante disso, que o catequista não testemunhará sozinho a importância de viver seguindo Jesus. A comunidade inteira deve viver de modo a transmitir a alegria e os laços fraternos que derivam da fidelidade a essa missão. O exercício da *proclamação* e a *escuta* atenta da Palavra de Deus garantem a centralidade do anúncio querigmático que, consequentemente, se torna a iniciação à Palavra.

O exercício da proclamação e a escuta da Palavra de Deus garantem a centralidade do anúncio querigmático que se torna a iniciação à Palavra.

O convite para a fé e conversão inicial, então, se concretiza a partir da escuta da Palavra. Sem essa escuta, a iniciação ficará comprometida. Mas é preciso também que o catecúmeno veja os frutos dessa Palavra no modo de vida da própria comunidade.

Uma vez iniciada nesta escuta, a pessoa gradativamente descobrirá que o impulso para a sua conversão está primeiramente na Palavra acolhida, ouvida e meditada, o que oferece os fundamentos para uma verdadeira mudança de coração e mentalidade. Isso é o que Jesus quer realizar com a samaritana: iniciá-la na sua Palavra, que transforma a vida na descoberta da fé para saciar sua sede e responder aos seus anseios. Essa é sua motivação quando Ele começa o diálogo despretensioso e humilde: "Dá-me de beber!" (Jo 4,7).

A Palavra de Jesus para nós, cristãos, é a resposta diante das questões que carregamos em nosso ser e em nossos corações. O encontro com a sua Palavra pode transformar a vida e dar um novo sentido à nossa existência. Por isso, para o catequista, a sua melhor formação é a experiência com Jesus, como Palavra e Pão, em uma comunidade cristã. Com Jesus aprendemos através de palavras simples, que chegam ao coração em profundidade.

Jesus estabelece um diálogo com a mulher samaritana respeitando sua cultura e costumes, sem deixar de apresentar a ela sua novidade: dar a si mesmo. Esse é o movimento de Jesus. É o movimento que deve ser provocado na vida do catecúmeno: descobrir que Deus doa a si mesmo em plenitude na Pessoa de seu Filho Jesus.

Sendo assim, o anúncio querigmático traz alguns elementos que são fundamentais no caminho da fé: acolhida, diálogo e testemunho. Os catequistas, ou até mesmo os introdutores/acompanhantes, necessariamente precisam dar sinais desses elementos ao se encontrarem com os iniciados. Não cabem aqui pré-julgamentos e condenações. O outro, ao partilhar conosco as questões da sua vida, realiza um exercício de reconhecimento de sua própria pessoalidade e identidade. Ao falar de si mesmo, o que não é um exercício sempre fácil, pode partilhar sofrimentos particulares. Por isso se faz necessário, no caminho da busca de Deus, escutar com atenção e respeito.

Deus não desiste de nos amar por causa de nossos problemas ou fraquezas, e espera que nosso modo de ouvir o outro seja um testemunho desse amor.

A pessoa que partilha está motivada por elementos de suas próprias experiências e por sua busca pelo sentido da vida, aspectos que devem ser compreendidos e valorizados. Toda a descoberta e redescoberta pessoal só será concretizada através do reconhecimento da fragilidade humana, lugar onde Deus manifesta sua misericórdia e sabedoria. Deus não desiste de nos amar por causa de nossos problemas ou fraquezas, e espera que nosso modo de ouvir o outro seja um testemunho desse amor.

Jesus, ao acolher a samaritana, acolhe a sua história de vida e lhe dá oportunidade para se expressar. Essa dinâmica concede a ela a capacidade de escutar a si própria nas suas dúvidas. Jesus quer ouvir a sua voz e o que ela tem a oferecer. Acolher exige tempo para estar com o outro. É uma postura de iniciativa, como afirma Floristán (1988, p. 141): "O acolhimento é uma atitude de pobreza espiritual, uma atitude de paciência, compreensão, respeito e amor. O candidato há de sentir-se como se já fosse esperado". No acolhimento, é preciso se interessar profundamente pelo outro.

No relato da samaritana, a acolhida se observa no gesto de dar a água. Biblicamente esse gesto revela valores básicos e cotidianos de hospitalidade e solidariedade, generosidade e aproximação. É um pequeno gesto que define o comportamento dos cristãos, como o próprio Jesus afirmou: "Quem der, nem que seja um copo d'água fria a um desses pequeninos, por ser meu discípulo, em verdade vos digo que não perderá sua recompensa" (Mt 10,42).

Jesus pede e acolhe a resposta/pergunta da mulher para oferecer-se a si mesmo. "Em troca da hospitalidade, Ele dará sua própria água. Voltará a ter sede na cruz, mas ali os seus, pela última vez, lhe negarão acolhida, respondendo ao amor com ódio (Jo 19,28s)" (MATEOS; BARRETO, 1999 p. 222). A partir da hospitalidade e da acolhida, Jesus quer realizar com a samaritana um caminho de descoberta e aprofundamento na fé, um caminho cuja finalidade é provocar e fazer acontecer uma *passagem* na sua vida. Quer lhe dar o dom da fé. Quer relevar-se como água viva, como Aquele que, na morte de cruz, doará completamente do seu Espírito para toda a humanidade. Esse

> *É pelo diálogo respeitoso que se desenvolve e se comunica uma experiência de fé; o querigma é mais que anúncio, é um diálogo com o iniciado cujo princípio é a escuta e a valorização de sua vida.*

é o sentido da sua peregrinação neste mundo. Essa é a passagem que a samaritana é convidada a realizar.

Também assim, o caminho da Iniciação à Vida Cristã se propõe a realizar no catecúmeno a passagem que vai transformá-lo através da ação sacramental. A Iniciação à Vida Cristã está relacionada com a dimensão existencial da pessoa e sua experiência cotidiana. A realidade que o Mistério revela nos sacramentos conduz o catecúmeno à descoberta de si mesmo e da dimensão simbólica. Esse processo é capaz de levá-lo a uma mudança-passagem de vida, que se fundamenta sacramentalmente pelo batismo-crisma-eucaristia.

De maneira acolhedora, Jesus inicia o diálogo que levará a mulher gradativamente a assumir não apenas sua própria história, mas sua busca mais profunda de algo que lhe sacie a sede e preencha a vida. O diálogo que Jesus estabelece é de iguais, Ele se apresenta como homem necessitado ao dizer "dá-me de beber" (Jo 4,7).

É pelo diálogo respeitoso que se desenvolve e se comunica uma experiência de fé e, dessa forma, oferecem-se os fundamentos para construir as bases sólidas dessa fé. Nesse sentido, o querigma é mais que anúncio, é um diálogo com o iniciado cujo princípio é a escuta e a valorização de sua vida. Baseia-se, assim, no diálogo gratuito que Deus estabeleceu com a humanidade ao enviar e entregar seu Filho para a nossa salvação.

Na evangelização, escutar, além de ser uma atitude de acolhida, é uma postura profunda de diálogo e interesse em relação ao outro. Dialogar a partir do exercício da escuta é assumir a postura de Jesus que, ao se encontrar com as pessoas, ouve suas necessidades e age a partir do que elas lhe apresentam. No caminho de Iniciação à Vida Cristã, escutar o catecúmeno é reflexo da escuta a Deus que, tanto na vida do catequista quanto na do acompanhante, deve estar no profundo exercício da escuta da Palavra.

É comum em nossa ação evangelizadora dar respostas às perguntas que muitas vezes não foram feitas, ou querer justificar todas as nossas ações. O poeta Rubem Alves insiste que a arte de escutar é fruto de um exercício silencioso, de um encontro profundo consigo que eleva a qualidade de acolher a Deus, ao outro e a nós mesmos[1].

> Para mim, Deus é isto: a beleza que se ouve no silêncio. Daí a importância de saber ouvir os outros: a beleza mora lá também. Comunhão é quando a beleza do outro e a beleza da gente se juntam num contraponto.

Só quem é capaz de ouvir profundamente poderá acolher bem, de maneira despretensiosa, desinteressada e justificadora. As perguntas que o ser humano apresenta revelam muito de si e da sua busca pessoal, dos seus anseios e, enfim, da sua sede. As perguntas que os catecúmenos apresentam deveriam ser o ponto

---

[1] ALVES, R. Escutatória. In: _____. *O amor que acende a lua*. Campinas: Papirus, 1991. Disponível em: Instituto Rubem Alves <http://www.institutorubemalves.org.br/rubem-alves/carpe-diem/cronicas/escutatoria-3/>. Acesso em: 10 fev. 2018.

de partida para a catequese atual, porque nelas está a expressão da vida e da procura pelo sentido da existência. Dessa forma, é necessário considerar o que o catecúmeno traz como questionamento a partir de sua história de vida. Por isso a importância do testemunho tanto da comunidade quanto do catequista, visto ser um dos elementos principais para estabelecer um verdadeiro anúncio querigmático que passa pela confiança.

Nas primeiras comunidades cristãs descritas em Atos dos Apóstolos, vemos que a conversão que leva alguém a solicitar o batismo é consequência do anúncio querigmático realizado pelos apóstolos, bem como do seu testemunho de fé diante da comunidade (cf. At 2,29-47). Sendo assim, o testemunho é a base do anúncio querigmático. A proclamação direta e pública da ação de Deus para a salvação da humanidade vem em primeiro lugar: "Seja bom o vosso comportamento entre os gentios, para que, mesmo que falem mal de vós, como se fôsseis malfeitores, vendo as vossas boas obras glorifiquem a Deus, no dia da Visitação" (1Pd 2,12).

> *O anúncio não pode estar separado da vida daquele que o comunica.*

O anúncio não pode estar separado da vida daquele que o comunica. É o que acontece com a samaritana. Jesus somente poderá ajudá-la a fazer um caminho e despertar a fé partindo da sua realidade pessoal, da sua existência. Pela acolhida e pelo diálogo, Jesus irá propor caminhos que, além de se confrontarem com a história dela, despertarão sua fé e a orientarão a aprofundá-la, a amadurecê-la, a ponto de conduzi-la ao que é mais construtivo na pessoa humana e na sua formação: a capacidade de realizar a escolha de ser discípula de Jesus. O anúncio do querigma é um caminho que convida o iniciado à fé no Deus vivo, em Jesus Cristo e na sua própria capacidade de responder livremente à proposta de seguimento.

Dentro do processo de Iniciação à Vida Cristã, o aprofundamento da fé se dará no segundo tempo, o catecumenato. Esse tempo possui como finalidade promover o aprofundamento da fé na vida a partir do que, anteriormente, foi transmitido no querigma. Podem, assim, surgir os sinais de uma fé amadurecida na adesão a Jesus Cristo e de uma conversão sincera.

2.3 ROTEIRO PARA VIVENCIAR A PALAVRA EM FORMA DE ITINERÁRIO

(Cada participante vai construir um cântaro/vaso de barro. Para confeccioná-lo, oferecer argila em pequenos pedaços que deverão ser moldados em forma de macarrão. Depois, orientar para que esses pedaços sejam juntados em círculos para construir o vaso. Outra forma de fazê-lo é abrir a argila como uma massa de pão e, depois, ir moldando o vaso nas mãos. Sugere-se colocar o cântaro na ambientação de todos os demais roteiros propostos. Providenciar fundo musical.)

Depois de contemplar o encontro e o diálogo de Jesus com a mulher da Samaria, também nós, aqui e agora, à procura de aprofundamento no mesmo caminho de Iniciação à Vida Cristã, queremos olhar para o nosso ser.

 Ler Jo 4,7-9.

1. O que o texto diz?

Jesus estava ali, sentado à beira do poço de Jacó, território dos samaritanos. Sabia que não era bem-vindo, mas ao mesmo tempo tinha consciência de que viera para fazer a vontade do Pai e aguardava seu sinal. Como a luz do meio-dia que brilha em seus olhos e no seu coração, veio o que percebeu ser a sua missão: uma mulher samaritana se aproxima com seu cântaro; ela vinha buscar água, cumprindo a dura tarefa de cada dia.

Da parte dela não houve inicialmente nenhum gesto de acolhida. Aquele homem era apenas mais um peregrino cansado e com sede, um judeu que nem deveria estar em território estrangeiro, muito menos no poço de Jacó. Estaria esperando alguém? Ele a acolhe quebrando o preconceito e diminuindo a distância: "Dá-me de beber".

Foi ali, numa situação tão humana, tendo sede, que aquele Peregrino pôde celebrar, a partir da pobre mulher pagã, uma conquista na missão que o Pai lhe confiou.

2. O que o texto me diz?

A samaritana está em busca de respostas. Assim também é o catequista, aquele que comunica a mensagem de Jesus está sempre nesta constante busca. Aliás, aquilo que é comunicado revela-se consequência e resultado de uma procura e experiência de fé vivida em comunidade, e do encontro com o Mestre e Senhor de nossas vidas. É nessa dinâmica que o catequista irá descobrir sua vocação expressada no batismo.

> Ser catequista é assumir corajosamente o Batismo e vivenciá-lo na comunidade cristã. É mergulhar em Jesus e proclamar o Reinado de Deus, convidando a uma pertença filial à Igreja. O processo formativo ajudará a amadurecer como pessoa, como cristão e cristã e como apóstolo e apóstola. (DNC, n. 238)

A vocação do catequista está alicerçada na dimensão do batismo. É este sacramento que confere à pessoa a capacidade de se tornar comunicadora de uma mensagem evangélica. O chamado a ser catequista é consequência do batismo assumido com alegria e entusiasmo.

3. O que o texto me leva a dizer a Deus?

(Após ter construído o cântaro/vaso, colocá-lo ao redor do poço e responder às questões a seguir de maneira orante, registrando as respostas em um papel.)

- Sinto-me pessoa que ama viver e realizada na sua existência?

- Posso me considerar alguém de maturidade humana e de equilíbrio psicológico? O que ainda falta para amadurecer mais?

- Posso dizer que sou pessoa de espiritualidade, que quero crescer em santidade?

- Sou capaz de ler a presença de Deus nas atividades humanas? Como?

- Como tenho buscado aprofundar minha vocação e como tenho cultivado minha formação?

- Estou sendo uma pessoa de comunicação, capaz de construir comunhão?

  (Ao concluir as respostas, colocá-las dentro do cântaro rezando a oração.)

Oração

Pai, dai-nos mentes e corações mais abertos para acolhermos a súplica de vosso Filho: "Dai-me de beber". Não permitais que fiquemos indiferentes à sede Dele na cruz, tal como as multidões que ainda não receberam os sinais da salvação que Ele nos trouxe. Multiplicai o número de cristãos comprometidos com a missão da Igreja de expandir o Reino que Ele nos anunciou. Amém.

4. Em que o texto me ajuda a viver melhor?

Para conversar:

- Como deve ser o nosso primeiro anúncio de Jesus Cristo?
- Como levar os catecúmenos a ter mais sede da experiência com a Pessoa de Jesus?
- Como estão sendo as formações dos nossos catequistas?

Orientações para o agir

Aprofundar o texto do Diretório Nacional da Catequese (n. 264), que apresenta a importância de o catequista ser *pessoa de espiritualidade, desejosa por crescer em santidade*:

> O catequista coloca-se na escola do Mestre e faz com Ele uma experiência de vida e de fé. Alimenta-se das inspirações do Espírito Santo para transmitir a mensagem com coragem, entusiasmo e ardor. 'Esta é a vida eterna: que conheçam a ti, o Deus único e verdadeiro, e a Jesus Cristo, aquele que enviaste' (Jo 17,3). Nutre-se da Palavra, da vida de oração, da Eucaristia e da devoção mariana. Falará mais pelo exemplo do que pelas palavras que profere (cf. CR 146). A verdadeira formação alimenta a espiritualidade do próprio catequista, de maneira que sua ação nasça do testemunho de sua própria vida.

Testemunho não é apresentação exibicionista das qualidades de cada um. É algo que se demonstra pela maneira de ser e viver, fazendo assim com que o nosso anúncio seja convincente.

3 DA ACOLHIDA PARA O DIÁLOGO: O APROFUNDAMENTO E AMADURECIMENTO DA FÉ (Jo 4,10-24)

> ¹⁰Jesus lhe respondeu: "Se conhecesses o dom de Deus e quem é que te diz: 'Dá-me de beber', tu é que lhe pedirias e ele te daria água viva!" ¹¹Ela lhe disse: "Senhor, nem sequer tens uma vasilha e o poço é profundo; de onde, pois, tiras essa água viva? ¹²És, porventura, maior que o nosso pai Jacó, que nos deu este poço, do qual bebeu, assim como seus filhos e seus animais?" ¹³Jesus lhe respondeu: "Aquele que bebe desta água terá sede novamente; ¹⁴mas quem beber da água que eu lhe darei, nunca mais terá sede. Pois a água que eu lhe der tornar-se-á nele uma fonte de água jorrando para a vida eterna". ¹⁵Disse-lhe a mulher: "Senhor, dá-me dessa água, para que eu não tenha mais sede, nem tenha que vir mais aqui para tirá-la!" ¹⁶Jesus disse: "Vai, chama teu marido e volta aqui". ¹⁷A mulher lhe respondeu: "Não tenho marido". Jesus lhe disse: "Falaste bem: 'não tenho marido', ¹⁸pois tiveste cinco maridos e o que agora tens não é teu marido; nisso falaste a verdade". ¹⁹Disse-lhe a mulher: "Senhor, vejo que és um profeta... ²⁰Nossos pais adoraram sobre esta montanha, mas vós dizeis: é em Jerusalém que está o lugar onde é preciso adorar". ²¹Jesus lhe disse: "Crê, mulher, vem a hora em que nem sobre esta montanha nem em Jerusalém adorareis o Pai. ²²Vós adorais o que não conheceis; nós adoramos o que conhecemos, porque a salvação vem dos judeus. ²³Mas vem a hora – e é agora – em que os verdadeiros adoradores adorarão o Pai em espírito e verdade, pois tais são os adoradores que o Pai procura. ²⁴Deus é espírito e aqueles que o adoram devem adorá-lo em espírito e em verdade".

3.1 A FÉ COMO DOM GRATUITO: CONHECER O DOM DE DEUS

Uma vez que o caminho foi aberto pelo diálogo Daquele que se aproxima e acolhe, é o momento de aprofundar com a samaritana a razão de sua busca e de sua fé. Ao realizar um itinerário de fé com a mulher da Samaria, Jesus percorre com ela um caminho gradativo em que necessariamente se precisa desconstruir para ressignificar, esvaziar para preencher, escutar e aprender a aprender para que, aprofundando sua fé, a sua adesão a Ele se torne completa e verdadeira. Essa será uma descoberta sobre a qual a samaritana dará testemunho do que viu e ouviu rumo a uma profissão de fé, um caminho de libertação que culmina em reconhecer gradativamente que esse *judeu* (Jo 4,9) é o *Messias* (Jo 4,25) e *Salvador* do mundo (Jo 4,42).

No diálogo com a samaritana, Jesus apresenta a possibilidade de conhecer o dom de Deus. Essa atitude visa propor um caminho para ela. Jesus não impõe a essa mulher uma ideia absoluta ou sua própria maneira de pensar, mas lhe faz uma provocação e lhe dá possibilidades para o diálogo e a experiência:

> *O conhecimento não se resume no saber das coisas, mas na experiência capaz de transformar.*

"se conhecesses...". Esse jeito de Jesus agir é um convite para ela fazer uma vivência, já que biblicamente o conhecimento não se resume no saber das coisas, mas na experiência capaz de transformar, envolvendo sua história inteira, mudando o jeito de pensar e agir de dentro para fora. Nesse instante, Jesus a convida para dar mais um passo em sua direção.

Ao propor algo diferente para a vida da mulher samaritana, Jesus continua e reforça o diálogo para apresentar-se a si mesmo como dom enviado de Deus: "Se conhecesses o dom de Deus (...), tu é que lhe pedirias e ele te daria água viva!" (Jo 4,10). O dom de Deus é uma água que transborda e sacia a sede da espiritualidade humana – não uma água parada, contaminada, estática. O dom de Deus é o próprio Jesus.

A mulher precisa se descobrir de maneira profunda. Ela não pode ser reduzida simplesmente ao que os outros falam a seu respeito. Nela se encontra uma coisa mais profunda que precisa ser despertada. Todo processo de educação na fé consiste em despertar no outro os dons que Deus já lhe ofereceu, as possibilidades que ainda devem ser descobertas. É preciso perceber que somos muito mais capazes do que imaginamos, pois cada um de nós é um dom precioso de Deus. É este movimento que Jesus faz com a samaritana.

> *A graça divina age no ser humano à medida que encontra um coração disponível.*

A dinâmica e o processo da iniciação realizam um voltar constante ao querigma. Deus, ao revelar seu dom, não invade a liberdade humana. Pelo contrário, necessita dela embora sendo, Ele mesmo, princípio e fim de todas as coisas. Indispensável é termos a abertura de coração, sem esse elemento não há um verdadeiro encontro pessoal. A graça divina age no ser humano à medida que encontra um coração disponível e aberto, com sede de Deus e de vida nova. É o que acontece, por exemplo, na cura que Jesus opera no enfermo na piscina de Betesda, depois de lhe perguntar: "Queres ficar curado?" (cf. Jo 5,1-9).

Esse homem que está junto ao poço é causa de espanto à samaritana por não ter um balde para tirar água. O que fazia ali se não possuía uma vasilha?

Ao contrário Dele, a mulher demonstra preocupação com o esforço físico para tirar água ao afirmar que Jesus "não tem vasilha e o poço é fundo". Um dos primeiros passos no aprofundamento que Jesus realiza com ela é a apresentação do dom da gratuidade. A samaritana, ao ouvir sobre a possibilidade de uma outra água que saciaria sua sede para sempre, ressignifica toda a sua história e sua compreensão do que já era aceito como absoluto e certo, rígido e fixo acerca da representação do poço; ela "conhece o dom de Jacó, mas desconhece o de Deus" (MATEOS; BARRETO, 1999, p. 223).

Além de ser chamada para ressignificar sua identidade, ela é conduzida para uma nova descoberta. Passará de uma água que não sacia a sede, a água de Jacó, para outra que vai jorrar por toda a vida: "Mas quem beber da água que eu lhe darei, nunca mais terá sede" (Jo 4,14). A promessa de Jesus motiva a mulher a desejar tal preciosa experiência. "Este ato único de beber corresponde ao novo nascimento (Jo 3,3.5s), que dá a vida nova" (MATEOS; BARRETO, 1999, p. 224).

A samaritana somente terá uma mudança em sua história a partir do momento em que decidir beber da água apresentada por Jesus, que lhe é oferecida gratuitamente e que tornará sua vida também uma expressão de gratuidade. É um aprofundamento que estabelece um nascer de novo. O ato de decidir beber da água que Jesus oferece vem da sua capacidade de adesão. Na liberdade de escolha está também a capacidade de renunciar ao que se tinha antes.

Nesse sentido, o itinerário proposto por Jesus implicou também fazer com que essa mulher assumisse sua própria decisão, a ponto de agora ela mesma pedir: "Senhor, dá-me de beber" ou "Senhor, quero nascer novamente". O amadurecimento humano, também na perspectiva da fé, só acontece à medida que a pessoa desenvolve a capacidade de escolher ao longo da vida. Não é possível transferir esse poder, pois ninguém decide pelo outro. Mesmo a opção pela omissão é um exercício de decisão.

Para que a decisão esperada aconteça, a samaritana precisa entrar em contato com seu próprio ser. Somente o fará à medida que interagir com Jesus e com o que Ele lhe oferece: seu Espírito/água. Isso ocorre porque "o Espírito que Ele comunica converte-se, em cada homem, em manancial que brota continuamente e que, portanto, continuamente lhe dá vida e fecundidade" (MATEOS; BARRETO, 1999, p. 224). O que Jesus pode nos trazer de novo? A certeza de que somos amados gratuitamente por Deus, que seu amor é imenso e não depende das nossas realizações.

Diante disso, uma catequese de inspiração catecumenal deve se preocupar em iniciar as pessoas na íntima escuta da Palavra de Jesus. Uma vez iniciadas, serão capazes de tocar o que há de mais humano e belo dentro de si mesmas: o desejo de encontrar o dom de Deus e Ele próprio.

Aquele uma vez iniciado na Palavra de Jesus descobre-se também como dom gratuito. Por isso o processo de Iniciação à Vida Cristã é igualmente dom de Deus para a Igreja, visto que cada um se descobre mais profundamente ligado ao Mistério de Deus. Para uma melhor compreensão acerca disso, a Constituição Dogmática *Dei Verbum* (DV), sobre a revelação de Deus na história, assim se expressa:

> Aprouve a Deus, na sua bondade e sabedoria, revelar-se a si mesmo e dar a conhecer o mistério da sua vontade (cf. Ef 1,9), mediante o qual os homens, por meio de Cristo, Verbo encarnado, têm acesso no Espírito Santo ao Pai e se tornam participantes da natureza divina (cf. Ef 2,18; 2Pd 1,4). (DV, 2)

O processo de Iniciação à Vida Cristã, com seu ritmo próprio marcado por etapas e tempos, símbolos e gestos, palavras e celebrações, quer ser um itinerário capaz de mostrar que a iniciativa sempre é de Deus. Jesus é o dom enviado pelo Pai. É por Ele que Deus se manifesta para ser conhecido no mundo: "Enviou o seu Filho, isto é, o Verbo eterno, que ilumina todos os homens, para habitar entre os homens e explicar-lhes os segredos de Deus" (cf. Jo 1,14-18).

Jesus Cristo, Verbo feito carne enviado "como homem aos homens", portanto, "fala as palavras de Deus" (DV, 4). Ao comunicar essas palavras de Deus, Jesus se fez Palavra de Salvação. Este é o caminho de adesão da samaritana: reconhecer que aquele homem é o "Salvador do mundo" (Jo 4,42).

Na catequese de Iniciação à Vida Cristã, o catequista precisa realizar um caminho profundo com o catecúmeno à medida que vai apresentando possibilidades para um diálogo fraterno e sincero. Aquilo que o catecúmeno traz de si mesmo e oferece, mesmo que ali se encontrem equívocos que depois podem ser corrigidos, necessita ser acolhido por fazer parte de sua história de vida.

3.2 A RESPOSTA DA MULHER: SENHOR, QUERO NASCER NOVAMENTE

"Dá-me de beber" não é mais a expressão de Jesus, mas o desejo da mulher. Agora é Ele quem oferece água e, oferecendo-se a si mesmo como água viva, promete vida nova. Esse diálogo cada vez mais profundo que Jesus realiza com a samaritana quer mostrar que a Lei (o poço de Jacó), absolutizada como fim em si mesma, o despersonaliza. Ao mesmo tempo, quer mostrar que o Espírito (água que Jesus oferece) é que dá a vida plena, ou seja, personaliza-o e lhe dá identidade (MATEOS; BARRETO,1999, p. 224).

O que Jesus oferece e realiza com essa mulher é um caminho que personaliza sua vida, somente assim ela irá adquirir uma verdadeira identidade que nasce de dentro de si mesma, e não da expectativa dos outros. Essa construção de identidade, ao mesmo tempo que se origina do encontro e da experiência pessoal, nasce também do alto, do Espírito. "Se alguém tem sede, venha a mim e beba aquele que crê em mim! Conforme a palavra da Escritura: de seu seio jorrarão rios de água viva" (Jo 7,37-38).

> *A capacidade de crer e amar na gratuidade são elementos que compõem a identidade do discípulo de Jesus.*

A ação da mulher ao desejar água viva confirma o que Jesus oferece a toda a humanidade. Aquele que é capaz de decidir beber da água Dele descobrirá, dentro de si, a capacidade de crer e amar na gratuidade. Esses são elementos que compõem a identidade do discípulo de Jesus.

O que foi despertado, em um primeiro momento, na vida dessa mulher a partir do seu encontro com Jesus agora é assumido. Ele desperta nela o desejo por vida nova. Ao mesmo tempo, a faz abandonar o poço que ainda, depois de muitos anos, não fora capaz de acalmar sua sede e seus desejos. O novo nascimento na vida dessa mulher só acontece em virtude do rompimento com suas antigas práticas e escolhas, sua antiga tradição. Aquilo que foi despertado dentro dela foi decisivo para romper com seu passado. A promessa da vida nova dada por Jesus torna-se, então, a centralidade de sua vida.

Santo Agostinho escreveu: "Minha alma está inquieta enquanto não repousar em ti, meu Deus" (LITURGIA DAS HORAS, 2000, p. 257). Beber da água viva é saciar-se do amor de Deus, da sua Palavra. Já dizia o salmista: "Ó Deus, tu és o meu Deus, por ti madrugo. Minha alma tem sede de ti, minha carne te deseja com ardor, como terra seca, esgotada e sem água" (Sl 63,2) e "Minha alma tem sede de Deus, do Deus vivo. Quando voltarei a ver a face de Deus?" (Sl 42,3). Finalmente, a mulher pede o que Jesus já tinha oferecido desde o início.

Hoje, nessa perspectiva, na comunidade cristã, o novo nascimento é dado sacramentalmente pelo batismo. Pelas águas santificadas do batismo é que somos renascidos pela morte e ressurreição de Jesus, tendo como sinal de pertença a marca de herdeiros do Reino de Deus.

3.3 NAQUELA QUE QUER NASCER NOVAMENTE SURGE UMA VIRTUDE: RETOMAR A VIDA E AVANÇAR NO CAMINHO

Depois do pedido por uma água viva, Jesus colocou a samaritana diante da sua realidade existencial: "Vai chamar teu marido e volta aqui!" (Jo 4,16). Ela respondeu: "Eu não tenho marido" (Jo 4,17). Jesus retrucou: "Disseste bem que não tens marido. De fato, tiveste cinco maridos, e o que tens agora não é teu marido" (Jo 4,17-18). O drama da mulher samaritana é que ela não tinha encontrado o seu verdadeiro lugar de pertença. Estava à procura de alguém que pudesse conduzi-la no caminho da vida e da felicidade, ou seja, no encontro com Aquele que dá sentido a todas as coisas.

No encontro com o seu autêntico amado, ela descobrirá em Jesus o que realmente procurava. Ele se tornará o verdadeiro marido desta mulher[2]. O livro bíblico Cântico dos Cânticos expressa muito bem essa relação entre Deus e nós quando diz: "Levante-se, minha amada, formosa minha, venha a mim" (2,13), e ainda "O meu amado é meu e eu sou dele" (2,16). Essa linguagem amorosa se encontra também nos grandes místicos, como São João da Cruz e Santa Tereza d'Ávila. Ela se apresenta certamente como um dos símbolos mais bonitos que podemos encontrar na Bíblia. A Aliança de Deus com seu povo é comparada ao casamento, porque deve tocar profundamente o coração e ser vivida com total fidelidade.

Ao lhe dar radicalmente uma ordem – "vai, chama teu marido e volta aqui" –, Jesus quer desenvolver na samaritana, a partir da possibilidade de realizar uma revisão de vida, a capacidade de romper com seu passado e, consequentemente, de escolher algo que preencha sua existência e lhe dê um sentido.

Cabe lembrar que essa mulher é o reflexo de como vivia o povo da Samaria, que havia falhado na sua fidelidade ao verdadeiro Deus e colocado sua segurança em falsos deuses. Faziam isso por não terem descoberto, ainda, a gratuidade do amor que vem do Deus que transforma aqueles que o conhecem em leais seguidores de Jesus, o Filho enviado para selar e fazer acontecer a Nova Aliança.

> *O itinerário de Jesus conduz a uma experiência de encontro com sua Pessoa, doadora da vida e fonte de misericórdia.*

Ao assumir sua condição de vida afirmando "não ter marido", mas confessando que já teve cinco, a samaritana assume seu passado. É a partir desse passado, de sua realidade concreta, que Jesus lhe indicará o caminho a ser abraçado daqui para a frente. Jesus a confronta com a força da verdade. Por parte da mulher, tanto a expressão "dá-me de beber" quanto a sinceridade de sua resposta apontam o seu real desejo de nascer como pessoa nova a partir do encontro com Jesus.

A situação dessa mulher reflete a situação de seu povo. A samaritana está insatisfeita, nenhum dos ídolos/maridos foi capaz de saciar seu desejo mais profundo de vida e de amor. O itinerário que Jesus realiza com ela a conduz a uma profunda

---

[2] "Os exegetas interpretam estes maridos como cinco povos pagãos que contaminaram a religião de Israel pela idolatria (2Rs 17,21-41). O número exato de cinco poderia aludir ao começo da idolatria ou sincretismo na Samaria (2Rs 17,33); em cinco ermidas prestavam culto a sete divindades, além de YHWH. Mais importante que o número é a alusão aos muitos 'amantes' = ídolos de Os 2,7.9.12.14.15.19; é linguagem corrente chamar de idolatria, de fornicação ou adultério". (Nota explicativa de Jo 4,18, cf. BÍBLIA do Peregrino, 2012.)

experiência, resultado de um belo encontro com sua Pessoa, que a leva a reconhecer Nele o enviado de Deus, doador da vida e fonte de misericórdia. No pedido que ela lhe faz, expressão de um encontro de grande significado, nasce uma nova consciência de que o poço de Jacó e os ídolos não são mais capazes de saciar sua sede.

Esse encontro profundo com Jesus a faz entrar em comunhão consigo mesma para perceber que, em sua própria existência, nenhum de seus ídolos anteriormente a tornaram livre, pelo contrário, a fizeram dependente de uma água que não sacia a sede. Ao descobrir Jesus como "dom" e "gratuidade", reconhece que Deus é Pai e que nos oferece gratuitamente o Filho. No encontro com Ele, vive a experiência de ser amada e desperta também para poder amar, servir e anunciar o que Jesus veio realizar entre nós.

No processo de Iniciação à Vida Cristã, o caminho a ser percorrido deverá provocar na pessoa uma profunda revisão de vida, para que a prática cristã e a vivência da fé se tornem suas qualidades fortes.

3.4 UM CONVITE PARA CRER: O OLHAR SE EXPANDE

Depois da revelação do amor gratuito, a mulher reconhece que Jesus é alguém diferente: "Senhor, vejo que és um profeta!" (Jo 4,19). Ele não é mais simplesmente um judeu, mas um enviado de Deus, um profeta. Agora, a mulher tem a coragem de fazer uma pergunta que a angustiava: "Onde se deve adorar a Deus, em Jerusalém ou em Garizim?" (Jo 4,20). De fato, samaritanos e judeus brigavam entre si para saber o lugar onde a presença de Deus deveria ser reconhecida. Jesus responde: "Os verdadeiros adoradores adorarão o Pai em espírito e verdade" (Jo 4,23). Viver do Espírito de Jesus é seguir seu grande mandamento de amor: "Amai-vos uns aos outros como eu vos amei" (Jo 15,12). Diante dessa grandeza do amor de Deus, é necessário viver na verdade e afastar de si toda ganância, falsidade e hipocrisia. Só aqueles que vivem do Espírito de Jesus e o adoram na verdade são capazes de encontrar a Deus.

Diante da sua dúvida, Jesus, agora percebido como *profeta*, a convida a crer: "Crê, mulher, vem a hora em que nem sobre esta montanha nem em Jerusalém adorareis o Pai" (Jo 4,21). Jesus lhe faz o convite para crer em sua Palavra e na sua Pessoa. Ele fala de mudança radical: os templos não serão mais os únicos lugares privilegiados pela presença de Deus, pois o próprio Jesus é "lugar da comunicação com Deus (Jo 1,51), e novo santuário (Jo 2,19-22; cf.1,14), do qual brota a água do Espírito (Jo 7,37-39;19,34)" (cf. MATEOS; BARRETO, 1999, p. 229). É de Jesus, verdadeiro lugar da adoração, que vem a água viva que constituirá um novo povo, uma nova Aliança.

A samaritana é chamada à conversão do coração. Segundo o Antigo Testamento, "o coração é a sede das operações divinas que transformam os cristãos. O Espírito é enviado ao coração (Gl 4,6), e o amor de Deus é derramado no coração por meio do Espírito Santo (Rm 5,5; 2Cor 1,22)" (McKENZIE, 2009 p. 167). Ao decidir com o coração, nasce nela o desejo de ser discípula. É através dessa dinâmica que o processo de Iniciação à Vida Cristã envolve o catecúmeno.

Assim como a samaritana necessita realizar uma mudança no coração, o catecúmeno, pelo aprofundamento das catequeses e das celebrações, deve ser instruído na "doutrina sob todos os aspectos, a fim de esclarecer a fé, dirigir o coração para Deus, incentivar a participação nos mistérios litúrgicos, animar para o apostolado e orientar toda a sua vida segundo o espírito de Cristo" (RICA, n. 99). A doutrina aí não é vista como mera lista de conhecimentos, mas como consequência de um real encontro com Jesus. O objetivo do catecumenato é descobrir a ação de Deus e ressignificar a presença Dele na vida, gerando uma constante capacidade de conversão. Entre nossos catecúmenos e aqueles que decidem completar sua iniciação, há muitos que ainda têm dificuldade de se aproximar de Deus e de vê-lo como Pai, doador da vida e fonte de misericórdia.

No decorrer da narrativa, Jesus dá mais um passo para ajudar a mulher a crescer na fé. Ele apresenta Deus como Pai e a convida a chamar Deus de Pai, porque Ele mesmo vive esta experiência (cf. Mt 7,21; 11,25-27; 18,14). Com essa compreensão, o coração dela pode

É no encontro com Jesus que a pessoa descobre dentro si a capacidade para buscar a vontade de Deus.

se permitir acolher e o seu olhar mudar de direção, descobrindo como esse amor paterno de Deus a pode libertar e saciar. Esse sentimento se solidifica a partir de Jesus, através de quem se chega ao Pai. É com Jesus que se vive a verdadeira adoração a Deus. É no encontro com Jesus que a pessoa descobre dentro si a capacidade para buscar a vontade de Deus.

Muitos daqueles que estão no caminho de Iniciação à Vida Cristã também foram educados para olhar as pessoas, os acontecimentos e o mundo em redor a partir de regulamentos. Essa maneira de educar não leva a um verdadeiro amadurecimento, não prepara para escolhas e decisões. A expressão "nossos pais adoravam nesta montanha" (Jo 4,20) demonstra que a mulher está ainda apegada à sua tradição e não captou a novidade que Jesus lhe é capaz de oferecer.

Muitos dos nossos irmãos e irmãs que se aproximam da comunidade cristã para realizar sua iniciação ainda não descobriram o caminho da misericórdia e reconciliação em suas vidas. Ainda não experimentaram a alegria do Pai por um filho que decide voltar a Ele (cf. Lc 15,11-32).

É urgente em nossos itinerários, portanto, reelaborar e repensar caminhos que ajudem as pessoas a se aproximarem do Sacramento da Reconciliação e nele viverem uma profunda experiência amorosa de Deus para construírem um novo caminho a si mesmas. Esse sacramento é um momento especial em que se proclama a confiança num amor que nunca desiste de nós e que nos animará a sermos pessoas cada vez melhores.

3.5   NASCE UMA NOVA ATITUDE: VIVER COM AMOR

Jesus, ao ensinar a samaritana a reconhecer Deus como Pai, a conduz por um caminho que vai mudar toda a sua vida. Agora ela terá uma nova atitude diante de si mesma e diante de Deus. Como adorar? Este é o centro da catequese de Jesus com a samaritana: com que atitude adorar ao Pai? Onde adorá-lo e através de quem?

Para isso, Jesus afirma: "Deus é espírito e aqueles que o adoram devem adorá-lo em espírito e verdade" (Jo 4,24). No Evangelho de João, Espírito está associado à água. "O Espírito, água que flui do lado aberto de Jesus, é o dom do amor comunicado, em correspondência com o sangue, o amor que Jesus demonstra dando a vida (Jo 19,34). O Espírito é o amor" (MATEOS; BARRETO, 1999, p. 230). É assim que os samaritanos são chamados a adorar, e nós também. A samaritana, para acolher a esse convite, precisará de mais um passo: reconhecer que aquele profeta é o Messias. O encontro dela com Jesus é, aos olhos da comunidade joanina, o início da prática do amor e da confiança em Deus.

> *Como adorar? Este é o centro da catequese de Jesus com a samaritana: com que atitude adorar ao Pai? Onde adorá-lo e através de quem?*

Essa é a busca de Deus (Jo 4,23). O Pai procura adoradores no amor e na gratuidade. Somente Jesus pode dar àquela mulher água viva, libertando-a para sempre. "Esta água é a experiência constante, através de Jesus, da presença e do amor do Pai. A experiência do amor produz, por sua vez, em cada homem a capacidade de amar generosamente como sente ser amado..." (MATEOS; BARRETO, 1999, p. 231). Para João, reconhecendo a verdade que aquele profeta lhe revelava, a samaritana estará preparada para adorar verdadeiramente a Deus.

No processo de Iniciação à Vida Cristã, dentro da perspectiva catecumenal, o catecúmeno é chamado a realizar a renúncia aos ídolos em sua vida pessoal. Isso se concretiza, mais especificamente, no terceiro tempo, denominado Purificação e Iluminação, em que essa dimensão de renunciar aos ídolos está mais forte e presente. Os ídolos de hoje não são os mesmos do povo da samaritana, mas há muitas coisas que dominam a vida das pessoas, afastando-as das orientações de Deus, tais como: vaidade, acomodação, ambições pessoais, pressão do mercado, ideias disseminadas pelos meios de comunicação, indiferença às necessidades do próximo...

A respeito do tempo da Purificação e Iluminação, assim afirma o RICA (n. 25):

> Neste tempo, a intensa preparação espiritual, mais relacionada à vida interior que à catequese, procura purificar os corações e espíritos pelo exame de consciência e pela penitência, e iluminá-los por um conhecimento mais profundo de Cristo, nosso Salvador.

O mesmo ritual apresenta a necessidade das orações de exorcismos, que têm por finalidade o "fortalecimento da fé" daqueles que querem aderir a Jesus Cristo e à sua Igreja. Isso para que o compromisso com Ele seja mais resistente do que as tentações que o mundo sempre nos apresenta.

> Deus todo-poderoso e eterno, que nos prometestes o Espírito Santo por meio do vosso Filho Unigênito, atendei a oração que vos dirigimos por estes catecúmenos que em vós confiam. Afastai deles todo o espírito do mal, todo erro e todo o pecado, para que possam tornar-se templos do Espírito Santo. Fazei que a palavra que procede da nossa fé não seja dita em vão, mas confirmai-a com aquele poder e graça com que vosso Filho Unigênito libertou do mal este mundo. Por Cristo, Nosso Senhor. Amém. (RICA, n. 113)

Neste tempo, acontecem os chamados "escrutínios" cuja finalidade é "descobrir o que houver de imperfeito, fraco e mau no coração dos eleitos, para curá-los; e o que houver de bom e forte, santo, para consolidá-lo" (RICA, n. 25). Com essa intencionalidade, os escrutínios acontecem no terceiro, quarto e quinto domingos da quaresma. Em cada um desses domingos, respectivamente, são usadas as leituras do Evangelho de João: o Evangelho da samaritana (Jo 4,4-42), o Evangelho do cego de nascença (Jo 9,1-41) e o Evangelho da ressurreição de Lázaro (Jo 11,1-43). Todos os três relatos se destinam a ajudar o eleito a proclamar a fé em Jesus como o Messias.

3.6 ROTEIRO PARA VIVENCIAR A PALAVRA EM FORMA DE ITINERÁRIO

A partir desse encontro de Jesus com a mulher da Samaria, nasce nela, após o despertar de sua fé, um saber centrado na Pessoa de Jesus. É um saber que nasce da vida e do coração, consequência de um diálogo aberto e sincero. Queremos agora, também nós, aprofundar nosso saber de comunicadores do Evangelho e meditar sobre a importância da nossa missão de seguidores de Jesus.

Ler Jo 4,10-24.

1. O que o texto diz?

No Evangelho de João, os milagres são chamados de sinais. No primeiro sinal, nas bodas de Caná, apenas um dos convidados, uma mulher, interfere. Bodas sem vinho? Não! Assim a festa se acaba e os noivos ficam envergonhados. Essa mulher é a Mãe de Jesus. Ele diz que ainda não é sua hora, mas ela confia numa solução e orienta: "façam tudo o que ele mandar". Faz tempo que a Aliança está rompida, então é preciso antecipar.

Vamos continuar. O caminho é longo... Vem um novo sinal. É preciso parar. Parar para descansar? Não apenas. A missão deve continuar... Não é assim tão simples! "Eu vim para religar".

Aparece outra mulher no caminho, uma samaritana. Tem muita sede. Pertence a um povo que perdeu a pureza da fé original. Está no sexto marido. Uma nova água precisa ser transformada. E o poço é fundo! É preciso se revelar! "O Messias sou eu...". Ele veio para salvá-la; a mulher vai se tornar sua discípula... De fato, é um itinerário que conduz à raiz da existência da mulher samaritana. Ela abraça seu existir e sua realidade e, ao fazer isso, reconhece o caminho que está percorrendo com Jesus.

2. O que o texto me diz?

A transformação da samaritana é consequência de sua hospitalidade. Aos poucos, aquele judeu que pede água oferece algo de si mesmo para comunicar a ela o dom gratuito que vem de Deus. O saber que cresce de maneira gradativa na vida dessa mulher vem acompanhado do aprofundamento que acontece através do diálogo. Seu "novo" saber não vem da Lei nem do poço, mas da sua história revisada e confrontada com a Palavra feita Pessoa: Jesus, o Cristo.

3. O que o texto me leva a dizer a Deus?

Para conversar:

- Onde o catecúmeno e o catequista podem encontrar o dom de Deus, que é gratuito? Como esse dom se torna possível em sua vida?

- Quais os principais elementos que constituem e compõem minha identidade cristã? Onde e quando são encontrados?

Oração

Adorado Deus e Pai de Nosso Senhor Jesus Cristo, acolhei nossa gratidão sem limites pelo dom inefável deste teu Filho Unigênito, que assumiu por amor nossa carne ferida pelo pecado e pela morte. Jesus, adorado Filho, é maravilhoso contemplar em tua face o mais precioso dom de Deus que veio em socorro das nossas fraquezas. Somente em ti, em teu coração misericordioso, podemos encontrar a fonte de água viva que jorra para a vida eterna. Vem, Senhor Jesus! Dai-nos sempre dessa água. Aumentai em nós a sede da tua presença. Convertei nosso coração para que sejamos discípulos fiéis, conquistando muitos irmãos para o Caminho da vida eterna, que és tu. Amém.

4. Em que o texto me leva a viver melhor?

(Responder de forma orante às questões propostas para reflexão e colocar as respostas dentro do cântaro).

Orientações para o agir

Para que a catequese com adultos seja um itinerário para a vida cristã, sugerimos que:

- O bispo ou o pároco forme uma equipe com lideranças maduras que tenham sede de fazer uma forte experiência pessoal com Jesus.

- Buscando uma formação profunda, os participantes tenham a oportunidade de desconstruir as imagens falsas de Deus que receberam no decorrer de suas vidas.

- Os catequistas aprendam a ver a orientação da fé nos mais diversos momentos da vida, partilhando experiências e ajudando outros a perceberem o que Deus nos diz em cada situação.

4   CELEBRAR A FÉ (Jo 4,25-29)

> *²⁵A mulher lhe disse: "Sei que vem um Messias (que se chama Cristo). Quando ele vier, nos anunciará tudo". ²⁶Disse-lhe Jesus: "Sou eu, que falo contigo". ²⁷Naquele instante, chegaram os discípulos e admiravam-se de que falasse com uma mulher; nenhum deles, porém, lhe perguntou: "Que procuras?" Ou: "O que falas com ela?" ²⁸A mulher, então deixou seu cântaro e correu à cidade, dizendo a todos: ²⁹"Vinde ver um homem que me disse tudo o que eu fiz. Não seria ele o Cristo?".*

Depois da escuta de Jesus, que lhe propõe chamar Deus de Pai e por Ele abandonar os ídolos, aprendendo a adorar em espírito e verdade, a samaritana abre-se ainda mais para um diálogo e dá um passo esperançoso ao afirmar: "Sei que vem um Messias. Quando ele vier, nos anunciará tudo". Quando uma pessoa perde o medo de falar o que pensa, sem ficar só repetindo um discurso aprendido de outros, ela se liberta e fortalece a sua autoestima, ou seja, constrói sua identidade. No caso de um cristão, essa pessoa pode sentir em si a presença do Espírito Santo e deixar-se guiar por Ele.

Jesus, ao perceber a disponibilidade da samaritana, revela sua identidade: "Sou eu, que falo contigo". Ao descrever que Jesus se apresenta dessa maneira, João nos convida a perceber que Ele quer mostrar seu ser divino àquela mulher.

No Antigo Testamento, o profeta Isaías afirma a identidade única de Deus: "Com efeito, assim diz *Iahweh*, o criador dos céus – ele é Deus, o que modelou a terra e a fez, ele a estabeleceu; não a criou como um deserto, antes modelou-a para ser habitada. Eu sou *Iahweh*, não há nenhum outro" (Is 45,18). Esse é o Deus que oferece a cada pessoa a capacidade de sonhar, de se arriscar por grandes coisas, especialmente aquelas por Ele sonhadas para nós. É o Deus que os samaritanos deveriam saber adorar.

Jesus, ao afirmar "Sou eu", está dizendo: Eu sou o pão vivo descido do céu (Jo 6,51); Eu sou a luz do mundo (Jo 8,12); Eu sou a porta das ovelhas (Jo 10,7); Eu sou o bom pastor (Jo 10,11); Eu sou a ressurreição e a vida (Jo 11,25). Ele se apresenta como o Filho obediente que veio ao mundo com o objetivo de dar acesso ao Pai, para que todos o adorem em espírito e verdade. Como o Filho está unido ao Pai, isso só acontece reconhecendo na sua Pessoa o Salvador do mundo. Essa é a descoberta que Ele quer oferecer à samaritana e a cada um de nós hoje.

Diante dessa revelação, a mulher deixa seu cântaro. É um gesto simbólico. Ao abandoná-lo, ela abandona verdadeiramente aquilo que lhe dava uma falsa sensação de segurança, abandona seu passado e assume uma nova postura diante de Jesus. Abandona o cântaro porque descobriu outra água. A água do poço já não a satisfaz. Ela encontrou a água viva: Jesus, o Messias! O ato de deixar o cântaro é sua adesão à fé cristológica. Com essa atitude, ela se torna uma mulher livre. O ato de colocar-se em movimento e tornar o Messias conhecido aos demais da aldeia é a expressão máxima de sua liberdade. Encontrou Nele a razão de sua existência.

A samaritana somente se aproxima da alegria do discipulado no aprendizado do ato de desapegar-se. Deixar o cântaro simboliza esse movimento. Ela agora está livre para seguir outro caminho, mudar sua história e a daqueles que a cercam. Vai viver a maturidade da fé, aderindo a Jesus, reconhecendo Nele a presença de Deus a orientar sua vida.

> A decisão de deixar o cântaro expressa seu desejo de seguir com as mãos vazias, livre de tudo que a aprisiona, desumaniza, faz fechar-se em si mesma e não permite reconhecer que o coração de Deus é a fonte da qual emana todo o princípio fundante da vida: o amor.

A samaritana, educada por Jesus no diálogo para a escuta, acolhe a Palavra e o ser Dele em si mesma. Jesus torna-se, desse modo, o fundamento de sua existência. Assim, além de ser fonte de vida, quando afirma ser "água viva", Jesus é também liberdade e amor. Nessa transformação, a mulher é chamada a ser uma expressão desse amor.

O ato de largar o cântaro simboliza a descoberta da sua vocação: adorar ao Deus verdadeiro, ser fiel a Ele. E sendo fiel a Deus, descobre que em si mesma habita o hálito divino da vida. Ao tomar consciência disso, precisa agora fazer crescer em seu interior a vida doada gratuitamente por Deus, enfim, descobre que sua vocação é ser ela mesma.

Reconhecendo Jesus como Salvador do mundo (Jo 4,42), tomando a decisão de sair para convocar sua comunidade (Jo 4,28) e dar testemunho (Jo 4,39) desse encontro que gerou uma descoberta, a samaritana descobre que Ele é o único capaz de saciar sua sede e o único capaz de amá-la verdadeiramente sem exigir nada em troca. Aqui, a samaritana se torna como o barro nas mãos do oleiro, lembra--se de que sua vida é algo sempre inacabado, em constante construção, e de que somente tem sentido se estiver mergulhada em Deus e no seu amor incondicional.

Celebrar é trazer para o coração e para o agir aquilo que se formou na consciência. Celebrar é tornar viva a Palavra que foi ouvida.

No processo de Iniciação à Vida Cristã, tudo o que foi vivenciado através das catequeses e da doutrina que alicerça a fé agora precisa ser celebrado. Celebrar é trazer para o coração e para o agir aquilo que se formou na consciência. Celebrar é tornar viva a Palavra que foi ouvida. Agora, a Palavra anunciada e o ouvinte são um só elemento. É a força da Palavra, então celebrada, que a faz revisar toda a sua história a partir do encontro pessoal com Jesus. "Vinde ver um homem que me disse tudo o que eu fiz. Não seria ele o Cristo?" (Jo 4,29).

Para celebrar a fé, contudo, se faz necessário uma comunidade concreta. Não celebramos sozinhos. Essa mulher volta à aldeia e convida os seus, aqueles que cotidianamente estão próximos a ela, para irem ao encontro do Messias. Não guarda para si, mas testemunha o que experimentou. Ela está no processo de amadurecimento de sua fé. Aliás, o amadurecimento humano acontece nas relações comunitárias. Ao sermos iniciados em uma comunidade, nossa maior tarefa é fazer crescer em nós a vida e os dons recebidos de Deus. A comunidade deve ser também um apoio para esse crescimento, um ambiente onde a partilha fraterna aprofunda a experiência de Deus na vida de cada um.

Sendo assim, todo o processo de Iniciação à Vida Cristã possui uma finalidade central: a profissão de fé. Da mesma forma que Jesus conduz a mulher para esse ato, os catecúmenos são conduzidos para, depois de um longo período de aprofundamento no tempo do catecumenato, realizarem a sua profissão de fé diante da comunidade durante a Vigília Pascal. Antes, porém, recebem o "símbolo da fé" em uma celebração própria. Conforme o RICA (n. 181), "a Igreja lhes confia com amor os documentos considerados desde a antiguidade como o compêndio de sua fé e oração". Na catequese de inspiração catecumenal, todo o processo está elaborado e culmina na direção da profissão de fé como adesão a Jesus Cristo, que precisa ser celebrada.

4.1 ROTEIRO PARA VIVENCIAR A PALAVRA EM FORMA DE ITINERÁRIO

A samaritana deixa seu cântaro ao reconhecer em Jesus o Messias. Nós também queremos viver um novo projeto, aprofundando nosso caminho de Iniciação à Vida Cristã e formando discípulos missionários em nossas comunidades.

Ler Jo 4,25-29.

1. O que o texto diz?

No Evangelho de João, é maravilhoso encontrar Jesus revelando que Deus é Pai, o seu Pai, logo no início de sua missão. Esse é seu objetivo primeiro: revelar à humanidade a face do Pai.

Embora a humanidade tenha se afastado de Deus através do pecado, Ele nunca deixou de ser o Pai que nos criou à sua imagem e semelhança. Tudo o que Ele mais deseja é ter seus filhos de volta ao seu coração. Por isso enviou seu Filho muito amado "em quem encontrou sempre todo o seu agrado" (Mc 1,11).

A samaritana, ouvindo a revelação de que Deus é Pai, abre-se para o diálogo e afirma: "Sei que vem um Messias, que se chama Cristo. Quando ele vier, nos anunciará tudo" (Jo 4,25). E Jesus sentiu que ali, para aquela mulher, era o momento certo de prosseguir na revelação: "Esse Messias que você e seu povo esperam, sou eu que falo contigo" (Jo 4,26). Assim, com a chegada dos discípulos, ela deixou o cântaro e foi para a cidade chamar o seu povo. Abre-se para ela um caminho que a liberta e lhe dá uma nova vida. Jesus começava a saborear o seu melhor alimento: "fazer a vontade do Pai e realizar a sua obra" (Jo 4,34).

2. O que o texto me diz?

Além de decidir largar o cântaro, a samaritana decide chamar seu povo. Ela não quer guardar para si o que acabou de descobrir. O seu saber se traduz em um "fazer", em sua decisão de comunicar aquela experiência pessoal. Seu fazer está centrado no "ecoar" a Palavra revelada. Assim é a missão do catequista cujo fazer é consequência de uma ação que, segundo o Diretório Nacional da Catequese (n. 270-275), aponta para seis dimensões: *relacionamento*, *educação*, *comunicação*, *pedagogia*, *metodologia* e *programação*.

3. O que o texto me leva a dizer a Deus?

(Desenhar as duas mãos numa folha de papel em branco, recortar, colocar o nome e responder às seguintes questões de forma orante.)

- No caminho de conversão que Jesus está realizando com a samaritana, o que significa deixar o cântaro?

- No caminho de conversão que Jesus deseja fazer conosco, quais são os cântaros que precisamos deixar para trás?

- Como está o meu "fazer/construir" a vida cristã? Tenho ajudado a "fazer" a identidade de minha comunidade de fé?

Oração

Senhor, como é maravilhoso poder reconhecer-te como enviado do Pai para nos devolver ao teu coração misericordioso. Como se não bastasse tamanha graça, nos recebeste em teu Corpo Místico, a tua igreja, através das águas do Santo Batismo. Percorre conosco, Jesus, o mesmo caminho que fizeste com a mulher da Samaria. Queremos ser outras tantas samaritanas e samaritanos a reconhecer-te como Salvador do mundo. Converte-nos em testemunhas vivas cuja missão é fazer brilhar o Teu Sinal, multiplicando comunidades de fé e amor, acolhendo multidões sedentas e famintas da Palavra e do Pão da Vida que és tu. Amém.

- Em que o texto me ajuda a viver melhor?

(Ao concluir as questões propostas como reflexão orante, escrever as respostas nas folhas desenhadas em forma de mãos e colocá-las dentro do cântaro.)

Orientações para o agir

A equipe deve multiplicar o zelo com todo o processo de iniciação, pois o resultado desejado é a garantia da vida que dura para sempre... É fundamental celebrar tudo o que, através do segundo tempo, foi transmitido na catequese com a doutrina que alicerça a fé e que vem sempre através de encontros profundos com Jesus. A celebração é o tempo e o espaço para fazer vibrar o coração e despertar a necessidade de trazer para a vida a Palavra que foi ouvida. Assim, a Palavra anunciada e o ouvinte se tornam um só elemento. Poderá acontecer em nós, então, o que aconteceu com a samaritana no seu encontro pessoal com Jesus: "Vinde e vede um homem que me disse tudo o que eu fiz. Não seria ele o Cristo?" (Jo 4,29).

Se pensarmos em celebrar, porém, nasce uma exigência concreta: uma comunidade que vive a fé e a fraternidade. Essa é a parte da missão mais difícil e exigente. Sem uma comunidade que seja um sinal emocionante do Evangelho, não passaremos de um grupo de intelectuais do Sagrado, sujeitos ao esquecimento. O resultado final será muito triste: pessoas vão se desiludir com a mensagem, porque não viram Jesus no centro da vida em comunidade.

Cuidemos com muito amor dos sacramentos de Iniciação à Vida Cristã, pois eles nos fazem participantes da vida de Cristo. Somos iniciados na Pessoa de Cristo através da Igreja, a comunidade cristã, que deve ser um grande sinal de sua presença. Isso exige um compromisso de constante conversão, alimentada por uma profunda experiência com a Pessoa de Jesus até que Ele se torne o único Salvador de nossas vidas e o Mestre que orienta tudo o que fazemos, comunicamos e construímos.

5 AQUELA QUE FOI CONVIDADA POR JESUS AGORA É TESTEMUNHA PARA SUA COMUNIDADE (Jo 4,39-42)

[39]Muitos samaritanos daquela cidade creram nele, por causa da palavra da mulher que dava testemunho: "Ele me disse tudo o que fiz!". [40]Por isso os samaritanos vieram até ele, pedindo-lhe que permanecesse com eles. Ele ficou ali dois dias. [41]Bem mais numerosos foram os que creram por causa da palavra dele [42]e diziam à mulher: "Já não é por causa do que tu falaste que cremos. Nós próprios o ouvimos, e sabemos que esse é verdadeiramente o salvador do mundo".

Como já vimos, depois que Jesus revelou à samaritana ser um profeta, o Messias, ela largou seu cântaro e foi ao encontro de seu povo. O encontro com Jesus desperta para a missão. Não é mais possível guardar para si as riquezas desta descoberta. A mulher disse: "Vinde ver um homem que me disse tudo o que eu fiz. Não será ele o Cristo?" (Jo 4,29).

Os discípulos voltaram da cidade onde fizeram compras. Ofereceram a Jesus algo para comer, mas Ele recusou: "Eu tenho um alimento para comer, que vós não conheceis" (Jo 4,32) e "o meu alimento é fazer a vontade daquele que me enviou e levar a termo sua obra" (Jo 4,34).

Se Jesus é a água viva, Ele é também o pão da vida. Ele disse: "Eu sou o pão vivo que desceu do céu. Quem come deste pão viverá para sempre… Quem come a minha carne e bebe o meu sangue vive em mim e eu vivo nele" (Jo 6,51-56). Jesus é o alimento que nos fortalece em nossa caminhada.

Jesus realiza a obra do semeador. Todos aqueles que fizeram a experiência de encontro com Ele são convidados a colaborar na sua missão de anunciar o Reino. Pensando nisso, nossos bispos recomendam:

> Por essa razão, os cristãos precisam recomeçar a partir de Cristo, a partir da contemplação de quem nos revelou em seu mistério a plenitude do cumprimento da vocação humana e de seu sentido (…) E necessitamos, ao mesmo tempo, que o zelo missionário nos consuma para levar ao coração da cultura de nosso tempo aquele sentido unitário e completo da vida humana que nem a ciência, nem a política, nem a economia, nem os meios de comunicação poderão proporcionar-lhe. (DAp, n. 41)

A samaritana, através do seu entusiasmo, conseguiu levar o seu povo para se encontrar com Jesus. Era para ser uma visita rápida, mas acabou durando dois dias. Esse tempo passado com Jesus mudou radicalmente a vida daqueles samaritanos, a tal ponto que disseram: "Já não é por causa daquilo que contaste que cremos, pois nós mesmos ouvimos e sabemos que este é verdadeiramente o Salvador do mundo" (Jo 4,42).

A fé, mesmo brotando dentro da comunidade, exige uma decisão pessoal (SYNODUS EPISCOPORUM, 2012). O Cristianismo não é em primeiro lugar um conjunto de doutrinas nem a aplicação de uma moral, e sim um encontro com uma Pessoa, Jesus Cristo. Na Iniciação à Vida Cristã de catecúmenos ou de batizados

> *Cristianismo não é um conjunto de doutrinas nem a aplicação de uma moral, e sim um encontro com uma Pessoa, Jesus Cristo.*

que querem completar sua formação religiosa, o mais importante é propiciar essa experiência viva do encontro com Jesus. "Para participar do mistério de Cristo Jesus é preciso passar por uma experiência impactante de transformação pessoal e deixar-se envolver pela ação do Espírito" (CNBB, Estudo 97, n. 41).

Santa Teresa de Jesus escreve na sua biografia: "Sim, o amor de Deus não consiste em ter lágrimas, nem tampouco nesses gestos e ternuras que geralmente desejamos e com os quais nos consolamos, mas em servir a Deus com justiça, fortaleza de ânimo e humildade" (1983, p. 85). A prática da justiça nos abre os caminhos para o encontro com Deus.

> Ainda que multipliquem as orações, de forma alguma atenderei, porque vossas mãos estão sujas de sangue. Lavai-vos, limpai-vos, tirai da minha vista as injustiças que praticais. Parai de fazer o mal, aprendei a fazer o bem, buscai o que é correto, defendei o direito do oprimido, fazei justiça para o órfão, defendei a causa da viúva. (Is 1,15-17)

Desse modo, quem leva uma vida dupla, falsa, não tem o privilégio de compreender como se concretiza o encontro com Deus. A fortaleza do ânimo é o entusiasmo, a paixão, a vivacidade em tudo o que fazemos. A experiência de Deus nos dá muita força: "Tudo posso n'Aquele que me fortalece" (Fl 4,13).

A humildade é a base de qualquer encontro com Deus. Nada mais nos afasta Dele do que o orgulho. Em relatos bíblicos encontramos a oração do fariseu e

> *A humildade não é o desprezo de nós mesmos, mas reconhecer o que realmente somos, ou seja, uma mistura de características positivas e negativas.*

do publicano (Lc 18,9-14). A oração do fariseu é formulada da seguinte maneira: "Ó Deus, eu te agradeço porque não sou como os outros homens, que são ladrões, desonestos, adúlteros, nem como este cobrador de impostos. Eu faço jejum duas vezes por semana e dou o dízimo de toda a minha renda". Essa oração é cheia de orgulho, de autoconfiança e de desprezo pelo outro. Com tanta vanglória, ele não precisa mais de Deus como Salvador. O cobrador de impostos disse: "Meu Deus, tem piedade de mim, que sou pecador!". Na sua pequenez e humildade, reconhece que precisa de Deus. Na sua miséria, necessita da misericórdia do Altíssimo. Essa atitude é a verdadeira diante Dele, porque todos nós somos pecadores e precisamos implorar seu perdão.

A humildade, no entanto, não é o desprezo de nós mesmos, mas a verdade: reconhecer o que realmente somos, ou seja, uma mistura de características positivas e negativas. A verdadeira experiência de Deus nos leva à missão, como vimos no encontro de Jesus com a samaritana. Uma paz inquieta está naqueles que se sentem chamados. Uma grande compaixão inunda aqueles que convivem com o sofrimento dos outros. A exemplo de Jesus, que "viu uma grande multidão e ficou tomado de compaixão por ela, pois estavam como ovelhas sem pastor" (Lc 9,36), o discípulo se sente tocado diante da doença, da miséria do outro.

Para bem cumprir a missão, o discípulo missionário precisa de sete atitudes fundamentais, como nos indica o próprio Jesus quando envia aos povoados os setenta e dois discípulos (Lc 10,1-11). Cultivemos, então, estas posturas:

1. **O discípulo missionário deve ser uma pessoa de oração**: "A colheita é grande, mas os trabalhadores são poucos. Pedi, pois, ao Senhor da colheita que mande trabalhadores para sua colheita" (Lc 10,2). Sem oração, a missão não produz frutos. Por isso qualquer trabalho de evangelização precisa começar com longos momentos de intimidade com o Senhor. Afinal, é Ele o dono da colheita e, se Ele não constrói a casa, em vão trabalham os agricultores.

2. **O discípulo missionário não precisa ter medo da rejeição e da perseguição**: "Eis que vos envio como ovelhas entre lobos" (Mt 10,16). A pregação e a vivência do Evangelho suscitam muitas oposições, contrariedades. Vivemos num mundo onde há lobos vestidos de cordeiros. Esses são os mais perigosos porque enganam as pessoas. Disfarçados de bons, eles querem destruir quem está próximo do Pai. Isso se observa na perseguição que Jesus sofria e no seu destino.

3. **O discípulo missionário precisa andar despojado das coisas supérfluas do mundo**: "Não leveis bolsa, nem alforje, nem sandálias" (Lc 10,4). O peso da acumulação de bens impede o missionário de caminhar. Quanto mais a pessoa é vazia interiormente, mais ela procura acumular bens materiais. "Onde está o teu tesouro, aí estará também o teu coração" (Mt 6,21). O tesouro do discípulo missionário são os famintos, sedentos, estrangeiros, nus, doentes e encarcerados (cf. Mt 25,31-46).

4. **O discípulo missionário precisa ser um homem de paz e saber transmiti-la**: "Em qualquer casa em que entrardes dizei primeiro: 'A paz esteja nesta casa!'" (Lc 10,5). A paz interior que o missionário carrega dentro de si, pelo fato de se sentir amado, é comunicada aos outros. A presença dele numa casa é uma bênção de Deus. Ele é um homem que traz esperança e vida a todos aqueles que encontra.

5. **O discípulo missionário é alguém que é desinteressado pelas coisas terrenas**, não visa o lucro nem a acumulação de bens. "Comei e bebei do que tiverem, porque o operário é digno do seu salário" (Lc 10,7). Ele sabe viver tanto na abundância quanto na necessidade. Em tudo, sabe dar graças ao Senhor!

6. **O discípulo missionário é alguém que se coloca ao lado dos necessitados ou excluídos**: "Curai os enfermos" (Lc 10,9). Ele vai ao encontro, em primeiro lugar, daqueles que mais sofrem. Os doentes, por exemplo, pelo sofrimento físico e pelo sentimento de abandono, precisam de uma presença amorosa mais frequente.

7. **O discípulo missionário denuncia a corrupção e luta contra ela**: "Se não fordes bem recebidos, saindo pelas ruas, dizei: 'Até a poeira de vossa cidade que se grudou aos nossos pés, nós a sacudimos para deixá-la para vós'" (Lc 10,11). Ele não tem medo de ser rejeitado nem compactua com as injustiças. A pregação e a vivência da verdade são o seu maior tesouro.

Esse é o caminho que a Iniciação à Vida Cristã precisa propor. Seguir Jesus é ser missionário, é aprender a ter os mesmos sentimentos e atitudes que Ele demonstrou. O encontro com Jesus nos faz dizer como São Paulo: "Não sou mais eu que vivo, é Cristo que vive em mim" (Gl 2,20).

> Como características do discípulo, indicadas pela iniciação cristã, destacamos: que ele tenha como centro a pessoa de Jesus Cristo, nosso Salvador e plenitude de nossa humanidade, fonte de toda maturidade humana e cristã; que tenha espírito de oração, seja amante da Palavra, pratique a confissão frequente e participe da Eucaristia; que se insira cordialmente na comunidade eclesial e social, seja solidário no amor e fervoroso missionário. (DAp, n. 292)

Na vida da samaritana, a escuta do homem feito Palavra de Deus neste mundo fez com que ela, aos poucos, fosse enraizando na sua própria vida o desejo de testemunhá-lo. Porém, antes, houve o desejo de reconhecê-lo em seu ser como Deus Salvador do mundo (Jo 4,42). O relato não termina com apenas uma relação a dois, mas com a profissão de fé de uma comunidade inteira. Mesmo sendo a profissão de fé uma ação pessoal, é também essencialmente comunitária. Este é o grande objetivo do processo de Iniciação à Vida Cristã: levar os catecúmenos, ou os batizados que querem completar sua iniciação, a professarem a fé no Deus vivo que habita no seio de uma comunidade de irmãos e irmãs.

Se nós pudéssemos perguntar à samaritana qual o significado dessa experiência com Jesus em sua vida, a partir desse relato, ela provavelmente responderia: "Eu jamais serei a mesma depois de tê-lo encontrado".

5.1 ROTEIRO PARA VIVENCIAR A PALAVRA EM FORMA DE ITINERÁRIO

A partir do encontro com Jesus no poço e ao reconhecer Nele o Salvador, a samaritana é chamada a testemunhar essa experiência diante da sua comunidade. Nós também queremos seguir esse caminho.

 Ler Jo 4,39-42.

1. O que diz o texto?

Diante da preciosa riqueza desse Evangelho de João, precisamos ainda destacar que, certo dia, em resposta à súplica por um milagre, Jesus declarou: "Nunca vi tamanha fé em Israel" (Lc 7,9; Mt 8,10). Aqui, frente a esta mulher pagã, pobre e excluída, Ele poderia falar também: "Eu ainda não vi tamanha sede e abertura no meu povo, de quem veio a salvação".

Assim que foi reconhecendo Nele o Messias, o Salvador, a samaritana deixou o seu cântaro, a sua segurança na sede e no sofrimento de cada dia, e voltou à cidade, agora como uma verdadeira missionária em busca de repartir com o seu povo a riqueza deste encontro. Não poderia guardar só para si aquela água que jorra para a vida eterna.

Todo o seu povo acreditou no testemunho, foi e ouviu o Senhor, que ficou na presença deles por dois dias. E apenas nesse curto tempo, aquele povo desvalorizado pelos judeus professou uma fé que o Senhor ainda não tinha ouvido entre os de Israel: "Nós próprios o ouvimos e sabemos que esse é verdadeiramente o salvador do mundo" (Jo 4,42). Com tanta abertura e acolhida, Jesus teve forças para voltar à Galileia, lugar onde seu povo o tinha levado a declarar: "um profeta nunca é recebido em sua própria terra" (Jo 4,44).

Diante da atitude da mulher samaritana, nós, que recebemos a graça de nos dedicar à catequese de Iniciação à Vida Cristã com adultos, podemos falar como nossos pastores em Aparecida: "E necessitamos, ao mesmo tempo, que o zelo missionário nos consuma..." (DAp, n. 41). A missão nessa evangelização e catequese de Iniciação à Vida Cristã não é apenas uma tarefa de levar um conjunto de doutrinas ou realizar a aplicação de uma moral, mas o encontro com a Pessoa de Jesus Cristo. Assim, nós veremos crescer o número daqueles que, apaixonados por Ele, se tornam discípulos missionários a serviço do Reino.

Foi a experiência com Jesus que deu forças à samaritana para trazer todo o seu povo ao caminho Dele. Essa é a força que continua sustentando a Igreja em sua missão. Sejamos sempre agradecidos e humildes por participarmos desse Projeto de Salvação, que terá como frutos concretos a multiplicação de comunidades de irmãos e irmãs maduros no amor e na fé. Toda essa catequese se faz em espírito celebrativo.

2. O que o texto me diz?

O Itinerário da Mulher Samaritana chega ao ápice quando Jesus se revela como Messias (Jo 4,26), o que a faz largar seu cântaro e ir na direção da sua cidade. A experiência do encontro pessoal com Jesus a torna discípula e, agora, brota nela o desejo de comunicar sua descoberta e se tornar uma missionária. Ela realiza isso testemunhando diante dos seus.

Na perspectiva de uma catequese mistagógica, há que se educar na fé e celebrar para que ela penetre sempre mais na vida e no coração dos catecúmenos e da comunidade. "A liturgia, com seu conjunto de sinais, palavras, ritos, em seus diversos significados, requer da catequese uma iniciação gradativa e perseverante para ser compreendida e vivenciada" (DNC, n. 120). O Diretório Nacional da Catequese, em seu n. 118, insiste que "a proclamação da Palavra, a homilia, as orações, os ritos sacramentais, a vivência do ano litúrgico e as festas são verdadeiros momentos de educação na fé. A liturgia é fonte inesgotável da catequese, não só pela riqueza de seu conteúdo, mas pela sua natureza de síntese e cume da vida cristã".

3. O que o texto me leva a dizer a Deus?

(Desenhar as duas mãos numa folha de papel em branco, recortar, colocar o nome, responder às perguntas a seguir e anotar as respostas.)

Para conversar:

- Como tem sido a minha catequese? Está integrada com a liturgia?

- Como estou vivendo particularmente a celebração em minha vida e o Mistério Pascal em minha vocação catequizadora?

- A celebração eucarística dominical é o centro da minha busca?

Oração

Ó bom Jesus, é muito forte e grandioso o ensinamento que nos deixaste através do caminho feito com a mulher samaritana. Firma em nós, catequistas e acompanhantes, a necessidade de crescermos no teu amor para que possamos acolher os adultos que nos enviares, com toda a realidade que trazem em suas vidas. Sabemos que é através desta acolhida que conseguiremos levá-los a perceber como o teu amor por eles é grandioso. Recebe, Senhor, a oferenda de nosso ser, sem divisão alguma, para que possamos revelar sempre a face do Pai como nos ensinaste e sermos conduzidos pela luz do teu Santo Espírito. Amém.

4. Em que o texto me ajuda a viver melhor?

(Ao concluir as questões, colocar as respostas escritas dentro do cântaro.)

Orientações para o agir

Que toda a equipe do catecumenato caminhe na luz das sete atitudes fundamentais para, assim, bem cumprir sua missão na catequese de Iniciação à Vida Cristã:

- Ser pessoa de oração, em profunda comunhão com Deus.

- Não temer a rejeição e a perseguição.

- Cultivar um coração pobre e despojado.

- Cultivar um coração de paz; levar sempre, onde cada um estiver, o amor e a paz de Jesus.

- Viver com simplicidade e ser agradecido(a).

- Dar uma atenção especial aos excluídos, aos doentes e sofredores nas famílias onde fizerem acompanhamento.

- Cultivar a verdade através da Palavra que é Jesus; crescer no amor e zelar pelo dom da fé.

A iniciação precisa propor este Caminho começando por nós, como testemunhas para os catecúmenos. Seja esta Palavra o nosso refrão: "Já não sou eu quem vive, é Cristo que vive em mim" (Gl 2,20).

Referências

BÍBLIA *de Jerusalém*. São Paulo: Paulus, 2000.

BÍBLIA *do Peregrino*. São Paulo: Paulus, 2012.

BROWN, Raymond. *Introdução ao Novo Testamento*. São Paulo: Paulinas, 2012.

CATECISMO *da Igreja Católica*. São Paulo: Loyola, 2000.

CELAM. *Documento de Aparecida*: texto conclusivo da V Conferência Geral do Episcopado Latino-americano e do Caribe. Brasília: CNBB; São Paulo: Paulus e Paulinas, 2007.

CONFERÊNCIA NACIONAL DOS BISPOS DO BRASIL. *Diretrizes da Ação Evangelizadora da Igreja no Brasil 2015-2019*: Texto aprovado pela 53ª Assembleia Geral. Brasília: CNBB, 2015. (Documentos da CNBB, 102).

_____. *Catequese Renovada*: orientações e conteúdo. São Paulo. Paulinas, 1983. (Documentos da CNBB, 26).

_____. *Com adultos, catequese adulta*. Segunda Semana Brasileira de Catequese. São Paulo. Paulus, 2002. (Estudos da CNBB, 84).

_____. *Diretório Nacional de Catequese:* Texto aprovado pela 43ª Assembleia Geral. Brasília: CNBB, 2005. (Documentos da CNBB, 84).

_____. *Iniciação à Vida Cristã:* itinerário para formar discípulos missionários. Brasília: CNBB, 2017. (Documentos da CNBB, 107).

_____. *Iniciação à Vida Cristã:* um processo de inspiração catecumenal. Brasília: CNBB, 2015. (Estudos da CNBB, 97).

CONSTITUIÇÃO PASTORAL *Gaudium Et Spes* sobre a Igreja no Mundo de Hoje. In: Documentos do Concílio Ecumênico Vaticano II (1962-1965). São Paulo: Paulinas, 1997.

CONSTITUIÇÃO *Sacrosanctum Concilium* sobre a Sagrada Liturgia. In: Documentos do Concílio Ecumênico Vaticano II (1962-1965). São Paulo: Paulinas, 1997.

CONSTITUIÇÃO DOGMÁTICA *Dei Verbum sobre a Revelação Divina*. In: Compêndio do Vaticano II. Constituições, Decretos e Declarações. Petrópolis: Vozes, 1997.

DECRETO *Ad Gentes* sobre a Atividade Missionária da Igreja. São Paulo: Paulinas, 2013.

DOCUMENTOS do Concílio Ecumênico Vaticano II (1962-1965). São Paulo: Paulus, 1997.

FLORISTÁN, Cassiano. *Para compreender o catecumenato*. Coimbra: Gráfica de Coimbra, 1988.

LITURGIA DAS HORAS. Petrópolis: Vozes; São Paulo: Paulinas, Paulus, Ave Maria, 2000.

MATEOS, Juan; BARRETO, Juan. *O Evangelho de São João*. 3. ed. Grande comentário bíblico. São Paulo: Paulus, 1999.

McKENZIE, John. *Dicionário Bíblico*. São Paulo: Paulus, 2009.

OÑATIBIA, Ignacio. *Batismo e confirmação*: sacramentos de iniciação. Paulinas: São Paulo, 2007.

PAGNUSSAT, Leandro; BORGES, Maria Augusta. *Formando equipes de Iniciação à Vida Cristã*. Petrópolis: Vozes, 2013. (Col. Iniciação à Vivência Cristã, vol. I).

PAPA FRANCISCO. *Evangelii Gaudium*. Exortação Apostólica sobre o anúncio do evangelho no mundo atual. São Paulo: Paulinas, 2013.

_____. *Misericordiae Vultus*. O rosto da misericórdia. Bula de proclamação do jubileu extraordinário da misericórdia. São Paulo: Paulinas, 2015.

RITUAL ROMANO. *Ritual de iniciação cristã de adultos*. 5. ed. São Paulo: Paulinas, 2009.

SANTA TERESA DE JESUS. *Livro da vida*. 2. ed. São Paulo: Paulinas, 1983. (Série espiritualidade).

SINODUS EPISCOPORUM. XIII Assembleia Geral Ordinária do Sínodo dos Bispos. *Mensagem ao povo de Deus*. L'Osservatore Roman, edição em português, n. 44, 03 nov. 2012.

THEISSEN, Gerd. *A religião dos primeiros cristãos*: uma teoria do cristianismo primitivo. São Paulo: Paulinas, 2009. (Col. Cultura Bíblica).

VANIER, Jean. *Comunidade, lugar do perdão e da festa*. São Paulo: Paulinas, 2009.

CULTURAL

Administração
Antropologia
Biografias
Comunicação
Dinâmicas e Jogos
Ecologia e Meio Ambiente
Educação e Pedagogia
Filosofia
História
Letras e Literatura
Obras de referência
Política
Psicologia
Saúde e Nutrição
Serviço Social e Trabalho
Sociologia

CATEQUÉTICO PASTORAL

Catequese
Geral
Crisma
Primeira Eucaristia

Pastoral
Geral
Sacramental
Familiar
Social
Ensino Religioso Escolar

TEOLÓGICO ESPIRITUAL

Biografias
Devocionários
Espiritualidade e Mística
Espiritualidade Mariana
Franciscanismo
Autoconhecimento
Liturgia
Obras de referência
Sagrada Escritura e Livros Apócrifos

Teologia
Bíblica
Histórica
Prática
Sistemática

REVISTAS

Concilium
Estudos Bíblicos
Grande Sinal
REB (Revista Eclesiástica Brasileira)
SEDOC (Serviço de Documentação)

VOZES NOBILIS

Uma linha editorial especial, com importantes autores, alto valor agregado e qualidade superior.

VOZES DE BOLSO

Obras clássicas de Ciências Humanas em formato de bolso.

PRODUTOS SAZONAIS

Folhinha do Sagrado Coração de Jesus
Calendário de mesa do Sagrado Coração de Jesus
Agenda do Sagrado Coração de Jesus
Almanaque Santo Antônio
Agendinha
Diário Vozes
Meditações para o dia a dia
Encontro diário com Deus
Guia Litúrgico

CADASTRE-SE
www.vozes.com.br

EDITORA VOZES LTDA.
Rua Frei Luís, 100 – Centro – Cep 25689-900 – Petrópolis, RJ
Tel.: (24) 2233-9000 – Fax: (24) 2231-4676 – E-mail: vendas@vozes.com.br

UNIDADES NO BRASIL: Belo Horizonte, MG – Brasília, DF – Campinas, SP – Cuiabá, MT
Curitiba, PR – Fortaleza, CE – Goiânia, GO – Juiz de Fora, MG
Manaus, AM – Petrópolis, RJ – Porto Alegre, RS – Recife, PE – Rio de Janeiro, RJ
Salvador, BA – São Paulo, SP